Winnie-the-Pooh

Winnie-el-Pooh

[Bilingual Edition]

English – Spanish

by A. A. Milne

Translated by Möwenstein

Contents

WINNIE-THE-POOH

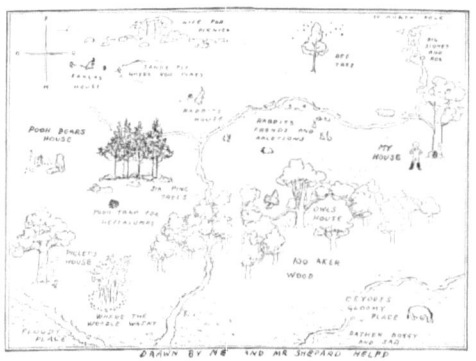

CHAPTER I

CAPÍTULO I

2.1 **Here is Edward Bear, coming downstairs now, bump, bump, bump, on the back of his head, behind Christopher Robin.**

Aquí está el oso Eduardo, bajando las escaleras, chocando, chocando, chocando, con la nuca, detrás de Christopher Robin.

It is, as far as he knows, the only way of coming downstairs, but sometimes he feels that there really is another way, if only he could stop bumping for a moment and think of it.

2.2

Es, por lo que él sabe, la única manera de bajar las escaleras, pero a veces cree que hay otra manera, si pudiera dejar de chocar un momento y pensar en ella.

And then he feels that perhaps there isn't.

2.3

Y luego piensa que tal vez no la haya.

Anyhow, here he is at the bottom, and ready to be introduced to you.

2.4

En cualquier caso, aquí está en la parte inferior, y listo para ser presentado a usted.

Winnie-the-Pooh.

2.5

Winnie-the-Pooh.

When I first heard his name, I said, just as you are going to say,

3.1

Cuando oí su nombre por primera vez, dije, igual que va a decir usted,

"But I thought he was a boy?"

3.2

"Pero yo creía que era un niño?"

"So did I," said Christopher Robin.

4.1

"Yo también," dijo Christopher Robin.

"Then you can't call him Winnie?"

5.1

"¿Entonces no puedes llamarle Winnie?"

"I don't."

6.1

"Yo no."

4

7.1 "But you said —— "
"Pero dijiste ..."

8.1 "He's Winnie-ther-Pooh.
"Es Winnie-ther-Pooh.

8.2 Don't you know what 'ther' means?"
¿No sabes lo que significa 'ther'?"

9.1 "Ah, yes, now I do," I said quickly;
"Ah, sí, ahora lo sé," dije rápidamente;

9.2 and I hope you do too,
y espero que tú también,

9.3 because it is all the explanation you are going to get.
porque es toda la explicación que vas a recibir.

10.1 Sometimes Winnie-the-Pooh likes a game of some sort when he comes downstairs,
A veces a Winnie-the-Pooh le gusta jugar a algo cuando baja,

10.2 and sometimes he likes to sit quietly in front of the fire and listen to a story.
y otras veces le gusta sentarse tranquilamente delante del fuego y escuchar un cuento.

10.3 This evening ——
Esta tarde ...

11.1 "What about a story?" said Christopher Robin.
"¿Qué tal un cuento?" dijo Christopher Robin.

"What about a story?" I said.   12.1
"¿Qué tal una historia?" Le dije.

"Could you very sweetly tell Winnie-the-Pooh one?"   13.1
"¿Podrías muy dulcemente decirle a Winnie-the-Pooh
uno?"

"I suppose I could," I said.   14.1
"Supongo que podría," dije.

"What sort of stories does he like?"   14.2
"¿Qué tipo de historias le gustan?"

"About himself. Because he's that sort of Bear."   15.1
"Sobre sí mismo. Porque es esa clase de Oso."

"Oh, I see."   16.1
"Oh, ya veo."

"So could you very sweetly?"   17.1
"¿Así que podrías muy dulcemente?"

"I'll try," I said.   18.1
"Lo intentaré," dije.

So I tried.   19.1
Así que lo intenté.

21.1 Once upon a time, a very long time ago now, about last Friday, Winnie-the-Pooh lived in a forest all by himself under the name of Sanders.

Érase una vez, hace ya mucho tiempo, más o menos el viernes pasado, Winnie-the-Pooh vivía solo en un bosque bajo el nombre de Sanders.

23.1 ("What does 'under the name' mean?"

(" ¿Qué significa 'bajo el nombre'?"

23.2 asked Christopher Robin.

preguntó Christopher Robin.

24.1 "It means he had the name over the door in gold letters,

"Significa que tenía el nombre sobre la puerta en letras doradas,

24.2 and lived under it."

y vivía bajo él."

"Winnie-the-Pooh wasn't quite sure," 25.1
"Winnie-the-Pooh no estaba muy seguro,"

said Christopher Robin. 25.2
dijo Christopher Robin.

"Now I am," said a growly voice. 26.1
"Ahora sí," dijo una voz gruñona.

"Then I will go on," said I.) 27.1
"Entonces seguiré adelante," dije yo.)

One day when he was out walking, he came to an 28.1
open place in the middle of the forest, and in the
middle of this place was a large oak-tree, and, from
the top of the tree, there came a loud buzzing-noise.
Un día, mientras paseaba, llegó a un descampado en medio
del bosque, en cuyo centro había un gran roble, desde cuya
copa se oía un fuerte zumbido.

Winnie-the-Pooh sat down at the foot of the tree, 30.1
Winnie-the-Pooh se sentó al pie del árbol,

30.2 put his head between his paws and began to think.
puso la cabeza entre las patas y se puso a pensar.

31.1 First of all he said to himself,
En primer lugar, se dijo a sí mismo,

31.2 "That buzzing-noise means something.
"Ese zumbido significa algo.

31.3 You don't get a buzzing-noise like that, just buzzing and buzzing, without its meaning something.
No se oye un zumbido así, zumbando y zumbando, sin que signifique algo.

31.4 If there's a buzzing-noise, somebody's making a buzzing-noise, and the only reason for making a buzzing-noise that I know of is because you're a bee."
Si hay un zumbido, alguien está haciendo un zumbido, y la única razón para hacer un zumbido que conozco es porque eres una abeja."

32.1 Then he thought another long time, and said:
Luego pensó otro largo rato, y dijo,

32.2 "And the only reason for being a bee that I know of is making honey."
"Y la única razón para ser abeja que conozco es hacer miel."

33.1 And then he got up, and said:
Entonces se levantó y dijo:

33.2 "And the only reason for making honey is so as I can eat it."
"Y la única razón para hacer miel es para poder comerla."

So he began to climb the tree. 33.3
Y comenzó a trepar al árbol.

He climbed and he climbed and he climbed, 35.1
Subía y subía y subía,

and as he climbed he sang a little song to himself. 35.2
y mientras subía cantaba una cancioncilla para sí mismo.

It went like this: 35.3
Decía así:

Isn't it funny 36.1
¿No es gracioso?

How a bear likes honey? 37.1
¿Cómo le gusta la miel a un oso?

38.1 **Buzz! Buzz! Buzz!**
¡Buzz! ¡Buzz! ¡Buzz!

39.1 **I wonder why he does.**
Me pregunto por qué lo hace.

40.1 **Then he climbed a little further ...and a little further ...and then just a little further.**
Luego subió un poco más ...y un poco más ...y luego sólo un poco más.

40.2 **By that time he had thought of another song.**
Para entonces ya había pensado en otra canción.

41.1 **It's a very funny thought that, if Bears were Bees,**
Es muy gracioso pensar que, si los Osos fueran Abejas,

42.1 **They'd build their nests at the**
Construían sus nidos en el

43.1 **bottom**
fondo

44.1 **of trees.**
de árboles.

45.1 **And that being so (if the Bees were Bears),**
Y siendo así (si las Abejas fueran Osos),

46.1 **We shouldn't have to climb up all these stairs.**
No deberíamos tener que subir todas estas escaleras.

He was getting rather tired by this time,   47.1
Se estaba cansando bastante,

so that is why he sang a Complaining Song.   47.2
así que cantó una canción de queja.

He was nearly there now,   47.3
Ya casi había llegado,

and if he just stood on that branch ...   47.4
y si se quedaba en esa rama ...

Crack!   48.1
¡Crack!

"Oh, help!" said Pooh,   49.1
"¡Oh, socorro!" dijo Pooh,

as he dropped ten feet on the branch below him.   49.2
mientras se dejaba caer tres metros sobre la rama que tenía
debajo.

51.1 "If only I hadn't —— " he said,
"Si no hubiera ...," dijo,

51.2 as he bounced twenty feet on to the next branch.
mientras rebotaba seis metros hasta la siguiente rama.

52.1 "You see, what I meant to do,"
"Verás, lo que pretendía hacer,"

52.2 he explained, as he turned head-over-heels, and crashed on to another branch thirty feet below,
explicó, mientras giraba sobre sus talones y se estrellaba contra otra rama treinta pies más abajo,

52.3 "what I meant to do —— "
"lo que pretendía hacer ..."

53.1 "Of course, it was rather —— " he admitted,
"Por supuesto, fue bastante ...," admitió,

53.2 as he slithered very quickly through the next six branches.
mientras se deslizaba muy deprisa por las seis ramas siguientes.

54.1 "It all comes, I suppose,"
"Todo viene, supongo,"

54.2 he decided, as he said good-bye to the last branch, spun round three times, and flew gracefully into a gorse-bush,
decidió, mientras se despedía de la última rama, daba tres vueltas y volaba graciosamente hacia un tojo,

"it all comes of liking honey so much. Oh, help!" 54.3

"todo viene de que me guste tanto la miel. ¡Oh, socorro!"

He crawled out of the gorse-bush, brushed the 55.1
prickles from his nose, and began to think again.

Salió del tojo, se quitó las espinas de la nariz y empezó a
pensar de nuevo.

And the first person he thought of was Christopher 55.2
Robin.

Y la primera persona en la que pensó fue Christopher
Robin.

("Was that me?" said Christopher Robin in an awed 57.1
voice,

("¿He sido yo?" dijo Christopher Robin con voz atónita,

hardly daring to believe it. 57.2

casi sin atreverse a creerlo.

"That was you." 58.1

"Fuiste tú."

59.1 Christopher Robin said nothing, but his eyes got larger and larger, and his face got pinker and pinker.)

Christopher Robin no dijo nada, pero sus ojos se agrandaron más y más, y su cara se volvió más y más rosada.)

60.1 So Winnie-the-Pooh went round to his friend Christopher Robin,

Así que Winnie-the-Pooh fue a ver a su amigo Christopher Robin,

60.2 who lived behind a green door in another part of the forest.

que vivía detrás de una puerta verde en otra parte del bosque.

62.1 "Good morning, Christopher Robin," he said.

"Buenos días, Christopher Robin," dijo.

63.1 "Good morning, Winnie-ther-Pooh," said you.

"Buenos días, Winnie-ther-Pooh," dijiste.

"I wonder if you've got such a thing as a balloon about you?"

"¿Me pregunto si tienes algo así como un globo sobre ti?"

64.1

"A balloon?"

"¿Un globo?"

65.1

"Yes, I just said to myself coming along:

"Sí, me dije a mí mismo cuando venía:

66.1

'I wonder if Christopher Robin has such a thing as a balloon about him?'

'Me pregunto si Christopher Robin tendrá algo parecido a un globo?'

66.2

I just said it to myself, thinking of balloons, and wondering."

Me lo dije a mí mismo, pensando en globos y preguntándome."

66.3

"What do you want a balloon for?" you said.

"¿Para qué quieres un globo?" dijiste.

67.1

Winnie-the-Pooh looked round to see that nobody was listening, put his paw to his mouth, and said in a deep whisper,

Winnie-the-Pooh miró a su alrededor para ver que nadie le escuchaba, se llevó la pata a la boca y dijo en un profundo susurro,

68.1

"Honey!"

"¡Cariño!"

68.2

69.1 "But you don't get honey with balloons!"
"¡Pero no se consigue miel con globos!"

70.1 "I do," said Pooh.
"Yo sí," dijo Pooh.

71.1 Well, it just happened that you had been to a party
the day before at the house of your friend Piglet, and
you had balloons at the party.
Pues bien, sucedió que el día anterior habías ido a una
fiesta en casa de tu amigo Piglet, y en la fiesta habíais tenido
globos.

71.2 You had had a big green balloon; and one of Rabbit's
relations had had a big blue one, and had left it
behind, being really too young to go to a party at
all; and so you had brought the green one and the
blue one home with you.
Tú habías tenido un gran globo verde, y uno de los
parientes de Conejo había tenido un gran globo azul, y
se lo había dejado, pues era demasiado pequeño para ir a
una fiesta; así que te habías traído el verde y el azul a casa.

72.1 "Which one would you like?" you asked Pooh.
"¿Cuál te gustaría?" le preguntaste a Pooh.

73.1 He put his head between his paws and thought very
carefully.
Metió la cabeza entre las patas y se quedó pensativo.

74.1 "It's like this," he said.
"Es así," dijo.

74.2 "When you go after honey with a balloon,
"Cuando vas a por miel con un globo,

17

the great thing is not to let the bees know you're coming.

74.3

lo importante es que las abejas no sepan que vienes.

Now, if you have a green balloon, they might think you were only part of the tree, and not notice you, and, if you have a blue balloon, they might think you were only part of the sky, and not notice you, and the question is:

74.4

Ahora bien, si tienes un globo verde, podrían pensar que eres sólo parte del árbol, y no notarte, y, si tienes un globo azul, podrían pensar que eres sólo parte del cielo, y no notarte, y la pregunta es:

Which is most likely?"

74.5

¿Cuál es más probable?"

"Wouldn't they notice you underneath the balloon?"

75.1

"¿No se darían cuenta de que estás debajo del globo?"

you asked.

75.2

preguntaste.

"They might or they might not," said Winnie-the-Pooh.

76.1

"Puede que sí o puede que no," dijo Winnie-the-Pooh.

"You never can tell with bees."

76.2

"Con las abejas nunca se sabe."

He thought for a moment and said: "I shall try to look like a small black cloud.

76.3

Pensó un momento y dijo, "Intentaré parecer una pequeña nube negra.

18

76.4 That will deceive them."

Eso las engañará."

78.1 "Then you had better have the blue balloon," you said;

"Entonces será mejor que te quedes con el globo azul," dijiste;

78.2 and so it was decided.

y así se decidió.

Well, you both went out with the blue balloon, and you took your gun with you, just in case, as you always did, and Winnie-the-Pooh went to a very muddy place that he knew of, and rolled and rolled until he was black all over;

Bueno, salisteis los dos con el globo azul, y te llevaste la pistola, por si acaso, como hacías siempre, y Winnie-the-Pooh se fue a un lugar muy fangoso que conocía, y rodó y rodó hasta que se puso negro por todas partes;

and then, when the balloon was blown up as big as big, and you and Pooh were both holding on to the string, you let go suddenly, and Pooh Bear floated gracefully up into the sky, and stayed there — level with the top of the tree and about twenty feet away from it.

y entonces, cuando el globo se hinchó tanto como grande, y tú y Pooh estabais agarrados a la cuerda, lo soltasteis de repente, y el oso Pooh flotó graciosamente hacia el cielo, y se quedó allí a la altura de la copa del árbol y a unos seis metros de él.

"Hooray!" you shouted.

"¡Hurra!" gritaste.

"Isn't that fine?" shouted Winnie-the-Pooh down to you.

"¿No está bien?" te gritó Winnie-the-Pooh.

83.2 "What do I look like?"
"¿Qué aspecto tengo?"

84.1 "You look like a Bear holding on to a balloon," you said.
"Pareces un oso agarrado a un globo," dijiste.

85.1 "Not," said Pooh anxiously,
"No," dijo Pooh ansiosamente,

85.2 " — not like a small black cloud in a blue sky?"
"¿no como una pequeña nube negra en un cielo azul?"

86.1 "Not very much."
"No mucho."

87.1 "Ah, well, perhaps from up here it looks different.
"Ah, bueno, tal vez desde aquí arriba se ve diferente.

87.2 And, as I say, you never can tell with bees."
Y, como digo, nunca se sabe con las abejas."

88.1 There was no wind to blow him nearer to the tree,
No había viento que lo acercara al árbol,

88.2 so there he stayed.
así que allí se quedó.

88.3 He could see the honey, he could smell the honey, but he couldn't quite reach the honey.
Podía ver la miel, podía olerla, pero no podía alcanzarla.

89.1 After a little while he called down to you.
Al cabo de un rato te llamó.

"Christopher Robin!" he said in a loud whisper. 90.1

"¡Christopher Robin!" dijo en un fuerte susurro.

"Hallo!" 91.1

"¡Hola!"

"I think the bees suspect something!" 92.1

"¡Creo que las abejas sospechan algo!"

"What sort of thing?" 93.1

"¿Qué tipo de cosas?"

"I don't know. But something tells me that they're 94.1
suspicious!"

"No lo sé. ¡Pero algo me dice que son sospechosos!"

"Perhaps they think that you're after their honey." 96.1

"Quizás piensen que vas detrás de su miel."

"It may be that. You never can tell with bees." 97.1

"Puede ser eso. Nunca se sabe con las abejas."

98.1 **There was another little silence,**
Hubo otro pequeño silencio,

98.2 **and then he called down to you again.**
y luego volvió a llamarte.

99.1 **"Christopher Robin!"**
"¡Christopher Robin!"

100.1 **"Yes?"**
"¿Sí?"

101.1 **"Have you an umbrella in your house?"**
"¿Tienes un paraguas en tu casa?"

102.1 **"I think so."**
"Creo que sí."

103.1 **"I wish you would bring it out here, and walk up and down with it, and look up at me every now and then, and say**
"Me gustaría que lo trajeras aquí, y caminaras arriba y abajo con él, y me miraras de vez en cuando, y dijeras

103.2 **'Tut-tut, it looks like rain.'**
'Tut-tut, parece lluvia.'

103.3 **I think, if you did that, it would help the deception which we are practising on these bees."**
Creo que, si hicieras eso, ayudaría al engaño que estamos practicando con estas abejas."

104.1 **Well, you laughed to yourself, "Silly old Bear!"**
Bueno, te reíste para tus adentros, "¡Tonto viejo Oso!"

but you didn't say it aloud because you were so fond of him,   104.2
pero no lo dijiste en voz alta porque le tenías mucho cariño,

and you went home for your umbrella.   104.3
y te fuiste a casa a por tu paraguas.

"Oh, there you are!" called down Winnie-the-Pooh,   106.1
"¡Oh, ahí estás!" llamó Winnie-the-Pooh,

as soon as you got back to the tree.   106.2
en cuanto volviste al árbol.

"I was beginning to get anxious.   106.3
"Empezaba a inquietarme.

I have discovered that the bees are now definitely Suspicious."   106.4
He descubierto que las abejas son ahora definitivamente sospechosas."

"Shall I put my umbrella up?" you said.   107.1
"¿Subo mi paraguas?" dijiste.

108.1 "Yes, but wait a moment. We must be practical.
"Sí, pero espera un momento. Debemos ser prácticos.

108.2 The important bee to deceive is the Queen Bee.
La abeja importante para engañar es la Abeja Reina.

108.3 Can you see which is the Queen Bee from down there?"
¿Puedes ver cuál es la Abeja Reina desde ahí abajo?"

109.1 "No."
"No."

110.1 "A pity.
"Una pena.

110.2 Well, now, if you walk up and down with your umbrella, saying,
Bueno, ahora, si caminas arriba y abajo con tu paraguas, diciendo,

110.3 'Tut-tut, it looks like rain,'
'Tut-tut, parece que llueve,'

110.4 I shall do what I can by singing a little Cloud Song,
haré lo que pueda cantando una pequeña Canción de las Nubes,

110.5 such as a cloud might sing ...Go!"
como la que cantaría una nube ...¡Vamos!"

So, while you walked up and down and wondered if it would rain, Winnie-the-Pooh sang this song: 111.1

Así que, mientras tú caminabas arriba y abajo y te preguntabas si llovería, Winnie-the-Pooh cantaba esta canción:

How sweet to be a Cloud 112.1

Qué dulce es ser una nube

Floating in the Blue. 113.1

Flotando en el azul.

Every little cloud 114.1

Cada pequeña nube

Always 115.1

Siempre

sings aloud. 116.1

canta en voz alta.

"How sweet to be a Cloud 117.1

"Qué dulce es ser una nube

Floating in the Blue." 118.1

Flotando en el azul."

It makes him very proud 119.1

Le hace sentirse muy orgulloso

To be a little cloud. 120.1

Ser una pequeña nube.

121.1 **The bees were still buzzing as suspiciously as ever.**
Las abejas seguían zumbando tan sospechosamente como siempre.

121.2 **Some of them, indeed, left their nests and flew all round the cloud as it began the second verse of this song, and one bee sat down on the nose of the cloud for a moment, and then got up again.**
Algunas de ellas abandonaron sus nidos y volaron alrededor de la nube cuando ésta comenzó la segunda estrofa de la canción.

123.1 **"Christopher — ow! — Robin," called out the cloud.**
"¡Christopher — ow! — Robin," gritó la nube.

124.1 **"Yes?"**
"¿Sí?"

125.1 **"I have just been thinking,**
"He estado pensando,

125.2 **and I have come to a very important decision.**
y he llegado a una decisión muy importante.

These are the wrong sort of bees." 125.3

Estas son el tipo equivocado de abejas."

"Are they?" 126.1

"¿Lo son?"

"Quite the wrong sort. 127.1

"Del tipo equivocado.

So I should think they would make the wrong sort of honey, 127.2

Así que creo que harían el tipo equivocado de miel,

shouldn't you?" 127.3

¿no?"

"Would they?" 129.1

"¿Lo harían?"

"Yes. So I think I shall come down." 130.1

"Sí. Así que creo que bajaré."

131.1 **"How?" asked you.**
"¿Cómo?" preguntó usted.

132.1 **Winnie-the-Pooh hadn't thought about this.**
Winnie-the-Pooh no había pensado en esto.

132.2 **If he let go of the string, he would fall — bump — and he didn't like the idea of that.**
Si soltaba la cuerda, se caería, y eso no le gustaba nada.

132.3 **So he thought for a long time, and then he said:**
Así que pensó durante mucho tiempo, y luego dijo:

133.1 **"Christopher Robin, you must shoot the balloon with your gun.**
"Christopher Robin, debes disparar al globo con tu pistola.

133.2 **Have you got your gun?"**
¿Tienes tu pistola?"

134.1 **"Of course I have," you said.**
"Claro que sí," dijiste.

134.2 **"But if I do that, it will spoil the balloon," you said.**
"Pero si lo hago, se estropeará el globo," dijiste.

135.1 **"But if you don't," said Pooh, "I shall have to let go,**
"Pero si no lo haces," dijo Pooh, "tendré que soltarme,

135.2 **and that would spoil me."**
y eso me estropearía."

When he put it like this, you saw how it was, and you aimed very carefully at the balloon, and fired.

136.1

Cuando lo ponía así, veías cómo era, apuntabas con mucho cuidado al globo y disparabas.

"Ow!" said Pooh.

137.1

"¡Ay!" dijo Pooh.

"Did I miss?" you asked.

138.1

"¿Me he perdido?" has preguntado.

"You didn't exactly miss," said Pooh,

139.1

"No fallaste exactamente," dijo Pooh,

"but you missed the balloon."

139.2

"pero fallaste el globo."

"I'm so sorry,"

140.1

"Lo siento mucho,"

you said, and you fired again, and this time you hit the balloon, and the air came slowly out, and Winnie-the-Pooh floated down to the ground.

140.2

dijiste, y disparaste de nuevo, y esta vez le diste al globo, y el aire salió lentamente, y Winnie-the-Pooh bajó flotando hasta el suelo.

But his arms were so stiff from holding on to the string of the balloon all that time that they stayed up straight in the air for more than a week,

141.1

Pero tenía los brazos tan rígidos de tanto sujetar la cuerda del globo que se le quedaron en el aire durante más de una semana,

141.2 **and whenever a fly came and settled on his nose he had to blow it off.**
y cada vez que una mosca se le posaba en la nariz tenía que soplársela.

141.3 **And I think - but I am not sure -**
Y creo - pero no estoy seguro -

141.4 **that that is why he was always called Pooh.**
que por eso siempre le llamaron Pooh.

143.1 **"Is that the end of the story?" asked Christopher Robin.**
"¿Es ése el final de la historia?" preguntó Christopher Robin.

144.1 **"That's the end of that one. There are others."**
"Ése es el final. Hay otros."

145.1 **"About Pooh and Me?"**
"¿Sobre Pooh y yo?"

"And Piglet and Rabbit and all of you. Don't you remember?" 146.1

"Y Piglet y Rabbit y todos vosotros. ¿No os acordáis?"

"I do remember, and then when I try to remember, I forget." 147.1

"Me acuerdo, y luego, cuando intento acordarme, se me olvida."

"That day when Pooh and Piglet tried to catch the Heffalump —— " 148.1

"Ese día cuando Pooh y Piglet trataron de atrapar al Heffalump ..."

"They didn't catch it, did they?" 149.1

"No lo atraparon, ¿verdad?"

"No." 150.1

"No."

"Pooh couldn't, because he hasn't any brain. Did I catch it?" 151.1

"Pooh no podría, porque no tiene cerebro. ¿Lo entendí?"

"Well, that comes into the story." 152.1

"Bueno, eso entra en la historia."

Christopher Robin nodded. 153.1

Christopher Robin asintió.

"I do remember," he said, 154.1

"Yo sí me acuerdo," dijo,

154.2   "only Pooh doesn't very well,
"sólo que Pooh no se acuerda muy bien,

154.3   so that's why he likes having it told to him again.
por eso le gusta que se lo cuenten otra vez.

154.4   Because then it's a real story and not just a remembering."
Porque entonces es una historia real y no sólo un recuerdo."

155.1   "That's just how I feel," I said.
"Así es como me siento," le dije.

156.1   Christopher Robin gave a deep sigh, picked his Bear up by the leg, and walked off to the door, trailing Pooh behind him.
Christopher Robin suspiró profundamente, cogió a su oso por la pata y se dirigió a la puerta, siguiendo a Pooh.

156.2   At the door he turned and said,
En la puerta se volvió y dijo,

156.3   "Coming to see me have my bath?"
"¿Vienes a verme bañarme?"

157.1   "I might," I said.
"Puede que sí," dije.

158.1   "I didn't hurt him when I shot him, did I?"
"No le hice daño cuando le disparé, ¿verdad?"

159.1   "Not a bit."
"Ni un poco."

He nodded and went out, 160.1
Asintió con la cabeza y salió,

and in a moment I heard Winnie-the- Pooh - 160.2
y en un momento oí a Winnie-the- Pooh -

bump, bump, bump - going up the stairs behind him. 160.3
bump, bump, bump - subiendo las escaleras detrás de él.

CHAPTER II • IN WHICH POOH GOES VISITING AND GETS INTO A TIGHT PLACE

CAPÍTULO II • EN EL QUE POOH VA DE VISITA Y SE METE EN UN SITIO ESTRECHO

2.1 Edward Bear, known to his friends as Winnie-the-Pooh, or Pooh for short, was walking through the forest one day, humming proudly to himself.

El oso Eduardo, conocido por sus amigos como Winnie-the-Pooh, o Pooh a secas, paseaba un día por el bosque canturreando orgulloso para sus adentros.

He had made up a little hum that very morning,   2.2

Se había inventado un pequeño tarareo aquella misma
mañana,

as he was doing his Stoutness Exercises in front of the   2.3
glass:

mientras hacía sus Ejercicios de Fornido frente al cristal:

Tra-la-la, tra-la-la, as he stretched up as high as he   2.4
could go, and then Tra-la-la, tra-la — oh, help!

Tra-la-la, tra-la-la, mientras se estiraba todo lo que podía, y
luego Tra-la-la, tra-la-oh, ¡socorro!

— la, as he tried to reach his toes.   2.5

— la, mientras intentaba alcanzar los dedos de los pies.

After breakfast he had said it over and over to himself   2.6
until he had learnt it off by heart, and now he was
humming it right through, properly.

Después de desayunar, se la había repetido una y otra vez
hasta aprendérsela de memoria, y ahora la tarareaba como
es debido.

It went like this: 2.7

Decía así:

Tra-la-la, tra-la-la,   3.1

Tra-la-la, tra-la-la,

Tra-la-la, tra-la-la,   4.1

Tra-la-la, tra-la-la,

Rum-tum-tiddle-um-tum.   5.1

Rum-tum-tiddle-um-tum.

6.1 **Tiddle-iddle, tiddle-iddle,**
Tiddle-iddle, tiddle-iddle,

7.1 **Tiddle-iddle, tiddle-iddle,**
Tiddle-iddle, tiddle-iddle,

8.1 **Rum-tum-tum-tiddle-um.**
Rum-tum-tum-tiddle-um.

10.1 Well, he was humming this hum to himself, and
walking along gaily, wondering what everybody else
was doing, and what it felt like, being somebody else,
when suddenly he came to a sandy bank, and in the
bank was a large hole.
Pues bien, iba tarareando para sí y caminando alegremente,
preguntándose qué estarían haciendo los demás y qué se
sentiría siendo otro, cuando de repente llegó a un banco de
arena, en el que había un gran agujero.

"Aha!" said Pooh. (Rum-tum-tiddle-um- tum.) 11.1
"¡Ajá!" dijo Pooh. (Rum-tum-tiddle-um- tum.)

"If I know anything about anything, that hole means 11.2
Rabbit,"
"Si sé algo de algo, ese agujero significa Conejo,"

he said, "and Rabbit means Company," he said, 11.3
dijo, "y Conejo significa Compañía," dijo,

"and Company means Food and Listening-to-Me- 11.4
Humming and such like.
"y Compañía significa Comida y Escuchar-Me-Humbar y
cosas así.

Rum-tum-tum-tiddle- um." 11.5
Rum-tum-tum-tiddle- um."

So he bent down, put his head into the hole, and 12.1
called out:
Así que se agachó, metió la cabeza en el agujero y gritó:

"Is anybody at home?" 13.1
"¿Hay alguien en casa?"

There was a sudden scuffling noise from inside the 14.1
hole, and then silence.
De repente, se oyó un ruido procedente del interior del
agujero y, a continuación, se hizo el silencio.

"What I said was, 'Is anybody at home? "' 15.1
"Lo que dije fue, '¿Hay alguien en casa? "'

called out Pooh very loudly. 15.2
gritó Pooh en voz muy alta.

38

16.1 **"No!" said a voice; and then added,**
"¡No!" dijo una voz; y luego añadió,

16.2 **"You needn't shout so loud.**
"No hace falta que grites tanto.

16.3 **I heard you quite well the first time."**
Te oí bastante bien la primera vez."

17.1 **"Bother!" said Pooh. "Isn't there anybody here at all?"**
"¡Caramba!" dijo Pooh. "¿No hay nadie aquí en absoluto?"

18.1 **"Nobody."**
"Nadie."

19.1 **Winnie-the-Pooh took his head out of the hole, and thought for a little, and he thought to himself,**
Winnie-the-Pooh sacó la cabeza del agujero, pensó un rato y se dijo,

19.2 **"There must be somebody there,**
"Tiene que haber alguien ahí,

19.3 **because somebody must have said 'Nobody.**
porque alguien tiene que haber dicho 'Nadie"'.

19.4 **"' So he put his head back in the hole, and said:**
Así que volvió a meter la cabeza en el agujero y dijo:

20.1 **"Hallo, Rabbit, isn't that you?"**
"Hola, Rabbit, ¿no eres tú?"

"No," said Rabbit, in a different sort of voice this
time.

21.1

"No," dijo Conejo, esta vez con otro tipo de voz.

"But isn't that Rabbit's voice?"

22.1

"¿Pero esa no es la voz de Rabbit?"

"I don't think so," said Rabbit. "It isn't meant to be."

23.1

"No lo creo," dijo Rabbit. "No está destinado a ser."

"Oh!" said Pooh.

24.1

"¡Oh!" dijo Pooh.

He took his head out of the hole, and had another
think, and then he put it back, and said:

25.1

Sacó la cabeza del agujero, se lo pensó otra vez, la volvió a
meter y dijo:

"Well, could you very kindly tell me where Rabbit is?"

26.1

"Bueno, ¿podrías muy amablemente decirme dónde está
Rabbit?"

"He has gone to see his friend Pooh Bear,

27.1

"Ha ido a ver a su amigo el oso Pooh,

who is a great friend of his."

27.2

que es muy amigo suyo."

"But this is Me!" said Bear, very much surprised.

28.1

"¡Pero si soy yo!" dijo Oso, muy sorprendido.

29.1 **"What sort of Me?"**
"¿Qué tipo de Yo?"

30.1 **"Pooh Bear."**
"Oso Pooh."

31.1 **"Are you sure?" said Rabbit, still more surprised.**
"¿Estás seguro?" dijo Conejo, aún más sorprendido.

32.1 **"Quite, quite sure," said Pooh.**
"Bastante, bastante seguro," dijo Pooh.

33.1 **"Oh, well, then, come in."**
"Oh, bueno, entonces, entra."

35.1 **So Pooh pushed and pushed and pushed his way through the hole,**
Así que Pooh empujó y empujó y empujó para abrirse paso por el agujero,

35.2 **and at last he got in.**
y por fin consiguió entrar.

"You were quite right," said Rabbit, looking at him all over.

36.1

"Tenías toda la razón," dijo Conejo, mirándolo de arriba abajo.

"It is you. Glad to see you."

36.2

"Eres tú. Me alegro de verte."

"Who did you think it was?"

37.1

"¿Quién creías que era?"

"Well, I wasn't sure. You know how it is in the Forest.

38.1

"Bueno, no estaba seguro. Ya sabes cómo es en el bosque.

One can't have anybody coming into one's house.

38.2

Uno no puede permitir que nadie entre en su casa.

One has to be careful. What about a mouthful of something?"

38.3

Hay que tener cuidado. ¿Qué tal un bocado de algo?"

Pooh always liked a little something at eleven o'clock in the morning,

39.1

A Pooh siempre le gustaba tomar algo a las once de la mañana,

and he was very glad to see Rabbit getting out the plates and mugs;

39.2

y se alegró mucho al ver que Conejo sacaba los platos y las tazas;

and when Rabbit said,

39.3

y cuando Conejo dijo,

"Honey or condensed milk with your bread?"

39.4

"¿Miel o leche condensada con tu pan?"

42

39.5 he was so excited that he said, "Both,"

se entusiasmó tanto que dijo, "Las dos cosas,"

39.6 and then, so as not to seem greedy, he added,

y luego, para no parecer avaro, añadió,

39.7 "But don't bother about the bread, please."

"Pero no te molestes por el pan, por favor."

39.8 And for a long time after that he said nothing ...until
at last, humming to himself in a rather sticky voice,
he got up, shook Rabbit lovingly by the paw, and said
that he must be going on.

Y durante un buen rato después no dijo nada ...hasta que
por fin, canturreando para sí con voz algo pegajosa, se
levantó, sacudió cariñosamente a Conejo por la pata y dijo
que tenía que irse.

40.1 "Must you?" said Rabbit politely.

"¿Debes hacerlo?" dijo Conejo cortésmente.

41.1 "Well," said Pooh,

"Bueno," dijo Pooh,

41.2 "I could stay a little longer if it — if you —— "

"podría quedarme un poco más si ...si tú ..."

41.3 and he tried very hard to look in the direction of the
larder.

y se esforzó por mirar en dirección a la despensa.

42.1 "As a matter of fact," said Rabbit,

"De hecho," dijo Conejo,

"I was going out myself directly."   42.2
"yo mismo iba a salir directamente."

"Oh, well, then, I'll be going on. Good- bye."   43.1
"Oh, bueno, entonces, voy a seguir adelante. Adiós."

"Well, good-bye, if you're sure you won't have any   44.1
more."
"Bueno, adiós, si estás seguro de que no tendrás más."

"Is there any more?" asked Pooh quickly.   45.1
"¿Hay más?" preguntó rápidamente Pooh.

Rabbit took the covers off the dishes, and said, "No,   46.1
Conejo quitó las mantas de los platos y dijo, "No,

there wasn't."   46.2
no había."

"I thought not," said Pooh, nodding to himself.   47.1
"Ya decía yo que no," dijo Pooh, asintiendo para sí.

"Well, good-bye. I must be going on."   47.2
"Bueno, adiós. Debo irme."

44

49.1 So he started to climb out of the hole.

Así que empezó a salir del agujero.

49.2 He pulled with his front paws, and pushed with his
back paws, and in a little while his nose was out in the
open again ...and then his ears ...and then his front
paws ...and then his shoulders ...and then ——

Tiró con sus patas delanteras, y empujó con las traseras,
y en poco tiempo su nariz estaba de nuevo al aire libre ...y
luego sus orejas ...y luego sus patas delanteras ...y luego sus
hombros ...y luego ...

50.1 "Oh, help!" said Pooh. "I'd better go back."

"¡Oh, ayuda!" dijo Pooh. "Será mejor que vuelva."

51.1 "Oh, bother!" said Pooh. "I shall have to go on."

"¡Oh, qué molestia!" dijo Pooh. "Tendré que seguir."

52.1 "I can't do either!" said Pooh.

"¡No puedo hacer ninguna de las dos cosas!" dijo Pooh.

52.2 "Oh, help and bother!"

"¡Oh, ayuda y molestia!"

53.1 Now by this time Rabbit wanted to go for a walk too,
and finding the front door full, he went out by the
back door, and came round to Pooh, and looked at
him.

El conejo también quería dar un paseo y, como la puerta
principal estaba llena, salió por la puerta trasera, se acercó
a Pooh y lo miró.

"Hallo, are you stuck?" he asked. 55.1
"Hola, ¿estás atascado?" preguntó.

"N-no," said Pooh carelessly. 56.1
"N-no," dijo Pooh descuidadamente.

"Just resting and thinking and humming to myself." 56.2
"Sólo descansando y pensando y tarareando para mí
mismo."

"Here, give us a paw." 57.1
"Toma, danos una pata."

Pooh Bear stretched out a paw, 58.1
El Oso Pooh estiró una pata,

and Rabbit pulled and pulled and pulled ... 58.2
y el Conejo tiró y tiró y tiró ...

"Ow!" cried Pooh. "You're hurting!" 59.1
"¡Ay!" gritó Pooh. "¡Me haces daño!"

"The fact is," said Rabbit, "you're stuck." 60.1
"El hecho es," dijo Rabbit, "que estás atascado."

61.1 **"It all comes," said Pooh crossly,**

"Todo viene," dijo Pooh malhumorado,

61.2 **"of not having front doors big enough."**

"de no tener puertas de entrada lo suficientemente grandes."

62.1 **"It all comes," said Rabbit sternly,**

"Todo viene," dijo Conejo con severidad,

62.2 **"of eating too much. I thought at the time," said Rabbit,**

"de comer demasiado". Pensé en aquel momento," dijo Conejo,

62.3 **"only I didn't like to say anything," said Rabbit,**

"sólo que no me gustaba decir nada," dijo Conejo,

62.4 **"that one of us was eating too much," said Rabbit,**

"que uno de nosotros estaba comiendo demasiado," dijo Conejo,

62.5 **"and I knew it wasn't me," he said.**

"y sabía que no era yo," dijo.

62.6 **"Well, well, I shall go and fetch Christopher Robin."**

"Bueno, bueno, iré a buscar a Christopher Robin."

63.1 **Christopher Robin lived at the other end of the Forest, and when he came back with Rabbit, and saw the front half of Pooh, he said,**

Christopher Robin vivía en el otro extremo del bosque, y cuando regresó con Conejo y vio la mitad delantera de Pooh, dijo,

"Silly old Bear," 63.2

"Viejo oso tonto,"

in such a loving voice that everybody felt quite 63.3
hopeful again.

con una voz tan cariñosa que todos volvieron a sentirse
esperanzados.

"I was just beginning to think," said Bear, sniffing 64.1
slightly, "that Rabbit might never be able to use his
front door again.

"Estaba empezando a pensar - dijo Oso, olfateando un poco -
que Rabbit no podría volver a usar la puerta de su casa.

And I should hate that," he said. 64.2

Y yo lo odiaría," dijo.

"So should I," said Rabbit. 65.1

"Yo también," dijo Rabbit.

"Use his front door again?" said Christopher Robin. 66.1

"¿Volverá a usar su puerta delantera?" dijo Christopher
Robin.

"Of course he'll use his front door again." 66.2

"Por supuesto que usará su puerta delantera otra vez."

"Good," said Rabbit. 67.1

"Bien," dijo Rabbit.

"If we can't pull you out, Pooh, we might push you 68.1
back."

"Si no podemos sacarte, Pooh, podríamos empujarte hacia
atrás."

69.1 Rabbit scratched his whiskers thoughtfully, and pointed out that, when once Pooh was pushed back, he was back, and of course nobody was more glad to see Pooh than he was, still there it was, some lived in trees and some lived underground, and —— .

Conejo se rascó los bigotes pensativamente, y señaló que, cuando una vez Pooh fue empujado hacia atrás, estaba de vuelta, y por supuesto nadie estaba más contento de ver a Pooh que él, sin embargo, allí estaba, algunos vivían en los árboles y otros vivían bajo tierra, y - .

70.1 "You mean I'd never get out?" said Pooh.

"¿Quieres decir que nunca saldría?" dijo Pooh.

71.1 "I mean," said Rabbit,

"Quiero decir," dijo Conejo,

71.2 "that having got so far,

"que habiendo llegado tan lejos,

71.3 it seems a pity to waste it."

parece una pena desperdiciarlo."

72.1 Christopher Robin nodded.

Christopher Robin asintió.

73.1 "Then there's only one thing to be done," he said.

"Entonces sólo queda una cosa por hacer," dijo.

73.2 "We shall have to wait for you to get thin again."

"Tendremos que esperar a que vuelvas a adelgazar."

74.1 "How long does getting thin take?"

"¿Cuánto tiempo se tarda en adelgazar?"

asked Pooh anxiously.   74.2
preguntó Pooh con ansiedad.

"About a week, I should think."   75.1
"Alrededor de una semana, creo."

"But I can't stay here for a week!"   76.1
"¡Pero no puedo quedarme aquí una semana!"

"You can stay here all right, silly old Bear.   77.1
"Puedes quedarte aquí, viejo oso tonto.

It's getting you out which is so difficult."   77.2
Lo difícil es sacarte de aquí."

"We'll read to you," said Rabbit cheerfully.   78.1
"Te leeremos," dijo Conejo alegremente.

"And I hope it won't snow," he added.   78.2
"Y espero que no nieve," añadió.

"And I say, old fellow, you're taking up a good deal of 78.3
room in my house — do you mind if I use your back
legs as a towel-horse?
"Y yo digo, viejo amigo, que estás ocupando mucho espacio
en mi casa; ¿te importa si uso tus patas traseras como
toalla-caballo?

Because, I mean, there they are — doing nothing —   78.4
and it would be very convenient just to hang the
towels on them."
Porque ahí están, sin hacer nada, y sería muy cómodo
colgar las toallas en ellas."

79.1 "A week!" said Pooh gloomily. "What about meals?"

"¡Una semana!" dijo Pooh sombríamente. "¿Y las comidas?"

80.1 "I'm afraid no meals," said Christopher Robin,

"Me temo que no hay comidas," dijo Christopher Robin,

80.2 "because of getting thin quicker. But we will read to you."

"porque adelgazan más rápido. Pero os leeremos."

81.1 Bear began to sigh,

Oso empezó a suspirar,

81.2 and then found he couldn't because he was so tightly stuck;

y luego se dio cuenta de que no podía porque estaba muy pegado;

81.3 and a tear rolled down his eye, as he said:

y una lágrima rodó por su ojo, mientras decía:

82.1 "Then would you read a Sustaining Book, such as would help and comfort a Wedged Bear in Great Tightness?"

"Entonces, ¿leerías un Libro de Sustento, como el que ayudaría y reconfortaría a un Oso Encajado en Gran Tensión?"

So for a week Christopher Robin read that sort of
book at the North end of Pooh,

84.1

Así que durante una semana Christopher Robin leyó ese
tipo de libros en el extremo norte de Pooh,

and Rabbit hung his washing on the South end ...and
in between Bear felt himself getting slenderer and
slenderer.

84.2

y Conejo tendía la colada en el extremo sur ...y entre medias
Oso se sentía cada vez más esbelto.

And at the end of the week Christopher Robin said,
"Now!"

84.3

Y al final de la semana Christopher Robin dijo, " ¡Ahora!"

86.1 So he took hold of Pooh's front paws and Rabbit took
hold of Christopher Robin, and all Rabbit's friends
and relations took hold of Rabbit, and they all pulled
together ...

Así que se agarró a las patas delanteras de Pooh y Rabbit se
agarró a Christopher Robin, y todos los amigos y parientes
de Rabbit se agarraron a Rabbit, y todos tiraron juntos ...

87.1 And for a long time Pooh only said "Ow!" ...

Y durante mucho tiempo Pooh sólo dijo "¡Ay!" ...

88.1 And "Oh!" ...

Y "¡Oh!" ...

90.1 And then, all of a sudden, he said "Pop!"

Y entonces, de repente, dijo " ¡Pop!"

90.2 just as if a cork were coming out of a bottle.

como si un corcho saliera de una botella.

And Christopher Robin and Rabbit and all Rabbit's 91.1
friends and relations went head-over-heels
backwards ...and on the top of them came Winnie-
the-Pooh — free!

Y Christopher Robin y Conejo y todos los amigos y
parientes de Conejo se fueron de cabeza hacia atrás ...¡y
encima de ellos llegó Winnie-the-Pooh-libre!

So, with a nod of thanks to his friends, he went on 92.1
with his walk through the forest, humming proudly
to himself.

Así que, con un gesto de agradecimiento a sus amigos,
siguió con su paseo por el bosque, canturreando orgulloso
para sí.

But, Christopher Robin looked after him lovingly, 92.2
and said to himself,

Pero, Christopher Robin lo miró con cariño, y se dijo,

"Silly old Bear!" 92.3

"¡Viejo oso tonto!"

CHAPTER III · IN WHICH POOH AND PIGLET GO HUNTING AND NEARLY CATCH A WOOZLE

CAPÍTULO III · EN EL QUE POOH Y CERDITO VAN DE CAZA Y CASI ATRAPAN UN WOOZLE

1.1 The Piglet lived in a very grand house in the middle of a beech-tree, and the beech-tree was in the middle of the forest, and the Piglet lived in the middle of the house.

El Cerdito vivía en una casa muy grande en medio de un haya, y el haya estaba en medio del bosque, y el Cerdito vivía en medio de la casa.

1.2 Next to his house was a piece of broken board which had,

Junto a su casa había un trozo de tabla rota que tenía,

1.3 "TRESPASSERS W" on it.

"TRESPASSERS W" en él.

When Christopher Robin asked the Piglet what it 1.4
meant, he said it was his grandfather's name, and had
been in the family for a long time, Christopher Robin
said you couldn't be called Trespassers W, and Piglet
said yes, you could, because his grandfather was, and
it was short for Trespassers Will, which was short for
Trespassers William.

Cuando Christopher Robin le preguntó al Piglet qué
significaba, él dijo que era el nombre de su abuelo, y
que había estado en la familia durante mucho tiempo,
Christopher Robin dijo que no se podía llamar Trespassers
W, y Piglet dijo que sí, que se podía, porque su abuelo lo
era, y era la abreviatura de Trespassers Will, que era la
abreviatura de Trespassers William.

And his grandfather had had two names in case he 1.5
lost one — Trespassers after an uncle,

Y su abuelo había tenido dos nombres por si perdía uno:
Trespassers por un tío,

and William after Trespassers. 1.6

y William por Trespassers.

3.1 "I've got two names," said Christopher Robin
carelessly.

"Tengo dos nombres," dijo Christopher Robin
despreocupadamente.

4.1 "Well, there you are, that proves it," said Piglet.

"Pues ahí lo tienes, eso lo demuestra," dijo Piglet.

5.1 One fine winter's day when Piglet was brushing away
the snow in front of his house, he happened to look
up, and there was Winnie-the-Pooh.

Un buen día de invierno, mientras Piglet quitaba la nieve
de delante de su casa, miró hacia arriba y vio a Winnie-the-
Pooh.

5.2 Pooh was walking round and round in a circle,
thinking of something else, and when Piglet called
to him, he just went on walking.

Pooh daba vueltas y vueltas en círculo, pensando en otra
cosa, y cuando Piglet le llamó, siguió andando.

6.1 "Hallo!" said Piglet, "what are you doing?"

"¡Hola!" dijo Piglet, "¿qué estás haciendo?"

7.1 "Hunting," said Pooh.

"Caza," dijo Pooh.

8.1 "Hunting what?"

"¿Cazar qué?"

9.1 "Tracking something,"

"Rastreando algo,"

said Winnie-the-Pooh very mysteriously.   9.2

dijo Winnie-the-Pooh muy misteriosamente.

"Tracking what?" said Piglet, coming closer.   10.1

"¿Rastreando qué?" dijo Piglet, acercándose.

"That's just what I ask myself. I ask myself, What?"   11.1

"Eso es justo lo que me pregunto. Me pregunto, " ¿Qué?"

"What do you think you'll answer?"   12.1

"¿Qué crees que responderás?"

"I shall have to wait until I catch up with it,"   13.1

"Tendré que esperar hasta que lo alcance,"

said Winnie-the-Pooh. "Now, look there."   13.2

dijo Winnie-the-Pooh. "Ahora, mira allí."

He pointed to the ground in front of him.   13.3

Señaló el suelo delante de él.

"What do you see there?"   13.4

"¿Qué ves ahí?"

15.1 "Tracks," said Piglet. "Paw- marks."

"Huellas," dijo Piglet. "Huellas de patas."

15.2 He gave a little squeak of excitement. "Oh, Pooh!

Dio un pequeño chillido de emoción. "¡Oh, Pooh!

15.3 Do you think it's a — a — a Woozle?"

¿Crees que es un Woozle?"

16.1 "It may be," said Pooh.

"Puede ser," dijo Pooh.

16.2 "Sometimes it is, and sometimes it isn't.

"A veces lo es y a veces no.

16.3 You never can tell with paw- marks."

Nunca se sabe con las marcas de las patas."

17.1 With these few words he went on tracking, and Piglet, after watching him for a minute or two, ran after him.

Con estas pocas palabras se puso a rastrear, y Piglet, después de observarlo durante uno o dos minutos, corrió tras él.

17.2 Winnie-the-Pooh had come to a sudden stop,

Winnie the Pooh se había detenido de repente y estaba inclinado sobre las vías,

17.3 and was bending over the tracks in a puzzled sort of way.

perplejo.

18.1 "What's the matter?" asked Piglet.

"¿Qué pasa?" preguntó Piglet.

"It's a very funny thing," said Bear, "but there seem
to be two animals now.

19.1

"Es muy curioso - dijo Oso-, pero parece que ahora hay dos
animales.

This — whatever-it-was — has been joined by
another — whatever-it-is — and the two of them
are now proceeding in company.

19.2

A este-lo-que-sea se le ha unido otro-lo-que-sea-y los dos
van ahora en compañía.

Would you mind coming with me, Piglet, in case they
turn out to be Hostile Animals?"

19.3

¿Te importaría venir conmigo, Piglet, por si resultan ser
Animales Hostiles?"

Piglet scratched his ear in a nice sort of way, and said
that he had nothing to do until Friday, and would be
delighted to come, in case it really was a Woozle.

20.1

Piglet le rascó la oreja de forma simpática, y dijo que
no tenía nada que hacer hasta el viernes, y que estaría
encantado de venir, en caso de que realmente fuera un
Woozle.

"You mean, in case it really is two Woozles,"

21.1

"Por si realmente son dos Woozles,"

said Winnie-the-Pooh, and Piglet said that anyhow he
had nothing to do until Friday.

21.2

dijo Winnie-the-Pooh, y Piglet dijo que, de todos modos, no
tenía nada que hacer hasta el viernes.

So off they went together.

21.3

Así que se fueron juntos.

23.1 There was a small spinney of larch trees just here, and
it seemed as if the two Woozles, if that is what they
were, had been going round this spinney;

Había una pequeña hilera de alerces justo aquí, y parecía
como si los dos Woozles, si eso es lo que eran, hubieran
estado dando vueltas alrededor de esta hilera;

23.2 so round this spinney went Pooh and Piglet after
them;

así que alrededor de esta hilera fueron Pooh y Piglet tras
ellos;

23.3 Piglet passing the time by telling Pooh what his
Grandfather Trespassers W had done to Remove
Stiffness after Tracking,

Piglet pasaba el tiempo contándole a Pooh lo que su abuelo
Trespassers W había hecho para quitarse la rigidez después
del rastreo,

23.4 and how his Grandfather Trespassers W had suffered
in his later years from Shortness of Breath,

y cómo su abuelo Trespassers W había sufrido en sus
últimos años de falta de aliento,

and other matters of interest,

23.5

y otros asuntos de interés,

and Pooh wondering what a Grandfather was like,

23.6

y Pooh preguntándose cómo era un abuelo,

and if perhaps this was Two Grandfathers they were
after now,

23.7

y si tal vez se trataba de dos abuelos que estaban buscando
ahora,

and, if so,

23.8

y, en caso afirmativo,

whether he would be allowed to take one home and
keep it,

23.9

si se le permitiría llevar uno a casa y quedárselo,

and what Christopher Robin would say.

23.10

y lo que Christopher Robin diría.

And still the tracks went on in front of them ...

23.11

Y las huellas seguían delante de ellos ...

Suddenly Winnie-the-Pooh stopped,

24.1

De repente,

and pointed excitedly in front of him.

24.2

Winnie-the-Pooh se detuvo y señaló emocionado hacia
delante.

"Look!"

24.3

"¡Mira!"

"What?" said Piglet, with a jump.

25.1

"¿Qué?" dijo Piglet, dando un respingo.

25.2 And then, to show that he hadn't been frightened,
he jumped up and down once or twice more in an
exercising sort of way.

Y luego, para demostrar que no se había asustado, dio un
par de saltitos más, a modo de ejercicio.

27.1 "The tracks!" said Pooh.

"¡Las huellas!" dijo Pooh.

27.2 "A third animal has joined the other two!"

"¡Un tercer animal se ha unido a los otros dos!"

28.1 "Pooh!" cried Piglet. "Do you think it is another
Woozle?"

"¡Pooh!" gritó Piglet. "¿Crees que es otro Woozle?"

29.1 "No," said Pooh, "because it makes different marks.

"No," dijo Pooh, "porque hace marcas diferentes.

29.2 It is either Two Woozles and one, as it might be,
Wizzle, or Two, as it might be, Wizzles and one, if
so it is, Woozle.

O son dos Woozles y uno, como podría ser, Wizzle, o dos,
como podría ser, Wizzles y uno, si es así, Woozle.

Let us continue to follow them."

29.3

Continuemos siguiéndolos."

So they went on, feeling just a little anxious now,
in case the three animals in front of them were of
Hostile Intent.

30.1

Así que siguieron adelante, sintiéndose ahora un poco
ansiosos, por si los tres animales que tenían delante eran de
intenciones hostiles.

And Piglet wished very much that his Grandfather
T. W. were there, instead of elsewhere, and Pooh
thought how nice it would be if they met Christopher
Robin suddenly but quite accidentally, and only
because he liked Christopher Robin so much.

30.2

Y Piglet deseaba mucho que su abuelo T. W. estuviera
allí, en vez de en otra parte, y Pooh pensaba en lo bonito
que sería que se encontraran con Christopher Robin de
repente, pero por casualidad, y sólo porque le gustaba
mucho Christopher Robin.

And then, all of a sudden, Winnie-the-Pooh stopped
again, and licked the tip of his nose in a cooling
manner, for he was feeling more hot and anxious
than ever in his life before.

30.3

Y entonces, de repente, Winnie-the-Pooh se detuvo de
nuevo y se lamió la punta de la nariz para refrescarse, pues
se sentía más acalorado y ansioso que nunca en su vida.

There were four animals in front of them!

30.4

¡Había cuatro animales delante de ellos!

"Do you see, Piglet? Look at their tracks!

31.1

"¿Ves, Piglet? ¡Mira sus huellas!

31.2 **Three, as it were, Woozles, and one, as it was, Wizzle.**
Tres, por así decirlo, Woozles, y uno, por así decirlo,
Wizzle.

31.3 **Another Woozle has joined them!"**
¡Otro Woozle se les ha unido!"

32.1 **And so it seemed to be.**
Y así parecía ser.

32.2 **There were the tracks; crossing over each other here,
getting muddled up with each other there; but, quite
plainly every now and then, the tracks of four sets of
paws.**
Allí estaban las huellas, cruzándose unas con otras aquí,
confundiéndose unas con otras allá; pero, muy claramente
de vez en cuando, las huellas de cuatro pares de patas.

34.1 **"I think," said Piglet, when he had licked the tip of
his nose too, and found that it brought very little
comfort, "I think that I have just remembered
something.**
"Creo que me acabo de acordar de algo," dijo Piglet cuando
se hubo lamido también la punta de la nariz y se dio cuenta
de que no le servía de mucho consuelo.

I have just remembered something that I forgot to do
yesterday and shan't be able to do to-morrow.

34.2

Acabo de recordar algo que olvidé hacer ayer y que no podré
hacer mañana.

So I suppose I really ought to go back and do it now."

34.3

Así que supongo que debería volver y hacerlo ahora."

"We'll do it this afternoon, and I'll come with you,"

35.1

"Lo haremos esta tarde, e iré contigo,"

said Pooh.

35.2

dijo Pooh.

"It isn't the sort of thing you can do in the
afternoon,"

36.1

"No es el tipo de cosa que se puede hacer por la tarde,"

said Piglet quickly.

36.2

dijo Piglet rápidamente.

"It's a very particular morning thing, that has to be
done in the morning, and, if possible, between the
hours of —— What would you say the time was?"

36.3

"Es una cosa muy particular de la mañana, que tiene que
hacerse por la mañana, y, si es posible, entre las horas de
…¿Qué hora dirías que era?"

"About twelve," said Winnie-the-Pooh, looking at the
sun.

37.1

"Sobre las doce," dijo Winnie-the-Pooh, mirando al sol.

"Between, as I was saying, the hours of twelve and
twelve five.

38.1

"Entre, como iba diciendo, las doce y las doce y cinco.

38.2 So, really, dear old Pooh, if you'll excuse me ——
What's that?"

Así que, realmente, querido viejo Pooh, si me disculpas
...¿Qué es eso?"

39.1 Pooh looked up at the sky, and then, as he heard the
whistle again, he looked up into the branches of a big
oak-tree, and then he saw a friend of his.

Pooh miró al cielo, y luego, al oír de nuevo el silbido, miró
hacia las ramas de un gran roble, y entonces vio a un amigo
suyo.

41.1 "It's Christopher Robin," he said.

"Es Christopher Robin," dijo.

42.1 "Ah, then you'll be all right," said Piglet.

"Ah, entonces estarás bien," dijo Piglet.

42.2 "You'll be quite safe with him. Good- bye,"

"Estarás a salvo con él. Adiós,"

and he trotted off home as quickly as he could, 42.3
y se fue trotando a casa lo más deprisa que pudo,

very glad to be Out of All Danger again. 42.4
muy contento de estar de nuevo fuera de todo peligro.

Christopher Robin came slowly down his tree. 44.1
Christopher Robin bajó lentamente de su árbol.

"Silly old Bear," he said, "what were you doing? 45.1
"Viejo oso tonto," dijo, "¿qué estabas haciendo?

First you went round the spinney twice by yourself, 45.2
and then Piglet ran after you and you went round
again together, and then you were just going round a
fourth time —— "
Primero diste dos vueltas a la hilera tú solo, y luego Piglet
corrió detrás de ti y volvisteis a dar la vuelta juntos, y luego
estabas dando una cuarta vuelta ..."

"Wait a moment," 46.1
"Espera un momento,"

said Winnie-the-Pooh, holding up his paw. 46.2
dijo Winnie-the-Pooh levantando la pata.

He sat down and thought, 47.1
Se sentó y pensó,

68

47.2 **in the most thoughtful way he could think.**
de la forma más reflexiva que podía pensar.

47.3 **Then he fitted his paw into one of the Tracks ...and then he scratched his nose twice,**
Luego encajó la pata en una de las Huellas ...y después se rascó la nariz dos veces,

47.4 **and stood up.**
y se levantó.

48.1 **"Yes," said Winnie-the-Pooh.**
"Sí," dijo Winnie-the-Pooh.

49.1 **"I see now," said Winnie-the-Pooh.**
"Ya veo," dijo Winnie-the-Pooh.

50.1 **"I have been Foolish and Deluded," said he,**
"He sido tonto e iluso," dijo,

50.2 **"and I am a Bear of No Brain at All."**
"y soy un oso sin cerebro."

51.1 **"You're the Best Bear in All the World,"**
"Eres el mejor oso de todo el mundo,"

51.2 **said Christopher Robin soothingly.**
dijo Christopher Robin con tono tranquilizador.

52.1 **"Am I?" said Pooh hopefully.**
"¿Sí?" dijo Pooh esperanzado.

52.2 **And then he brightened up suddenly.**
Y de pronto se animó.

"Anyhow," he said, "it is nearly Luncheon Time."

53.1

"De todos modos," dijo, "es casi la hora del almuerzo."

So he went home for it.

54.1

Así que se fue a casa a por él.

CHAPTER IV · IN WHICH EEYORE LOSES A TAIL AND POOH FINDS ONE

CAPÍTULO IV · EN EL QUE EEYORE PIERDE
UNA COLA Y POOH ENCUENTRA UNA

1.1 The Old Grey Donkey, Eeyore, stood by himself in a
thistly corner of the forest, his front feet well apart,
his head on one side, and thought about things.

Eeyore, el viejo burro gris, estaba solo en un rincón del
bosque, con las patas delanteras bien separadas y la cabeza
hacia un lado, pensando en cosas.

1.2 Sometimes he thought sadly to himself, "Why?"

A veces pensaba tristemente, "¿Por qué?"

1.3 and sometimes he thought, "Wherefore?"

a veces, "¿Por qué?"

1.4 and sometimes he thought, "Inasmuch as which?"

a veces, "¿Por qué?"

1.5 — and sometimes he didn't quite know what he was
thinking about.

y a veces no sabía muy bien en qué estaba pensando.

So when Winnie-the-Pooh came stumping along, Eeyore was very glad to be able to stop thinking for a little, in order to say   1.6

Por eso, cuando Winnie-the-Pooh llegó dando tumbos, Eeyore se alegró mucho de poder dejar de pensar por un rato, para decirle

"How do you do?" in a gloomy manner to him.   1.7

"¿Cómo está usted?" de manera sombría.

"And how are you?" said Winnie-the-Pooh.   3.1

"¿Y tú cómo estás?" dijo Winnie-the-Pooh.

Eeyore shook his head from side to side.   4.1

Eeyore movió la cabeza de un lado a otro.

"Not very how," he said.   5.1

"No muy cómo," dijo.

"I don't seem to have felt at all how for a long time."   5.2

"Parece que no he sentido en absoluto cómo durante mucho tiempo."

6.1 "Dear, dear," said Pooh, "I'm sorry about that.

"Querido, querido," dijo Pooh, "lo siento.

6.2 Let's have a look at you."

Vamos a echarte un vistazo."

7.1 So Eeyore stood there, gazing sadly at the ground,
and Winnie-the-Pooh walked all round him once.

Así que Eeyore se quedó allí, mirando tristemente al suelo,
y Winnie-the-Pooh caminó a su alrededor una vez.

9.1 "Why, what's happened to your tail?" he said in
surprise.

"¿Por qué, qué le ha pasado a tu cola?" dijo sorprendido.

10.1 "What has happened to it?" said Eeyore.

"¿Qué le ha pasado?" dijo Eeyore.

11.1 "It isn't there!"

"¡No está ahí!"

12.1 "Are you sure?"

"¿Estás seguro?"

"Well, either a tail is there or it isn't there.   13.1

"Bueno, o hay cola o no la hay.

You can't make a mistake about it. And yours isn't   13.2
there!"

No puedes equivocarte al respecto. ¡Y la tuya no está ahí!"

"Then what is?"   14.1

"Entonces, ¿qué es?"

"Nothing."   15.1

"Nada."

"Let's have a look,"   17.1

"Vamos a echar un vistazo,"

17.2 said Eeyore, and he turned slowly round to the place where his tail had been a little while ago, and then, finding that he couldn't catch it up, he turned round the other way, until he came back to where he was at first, and then he put his head down and looked between his front legs, and at last he said, with a long, sad sigh,

dijo Eeyore, y se dio la vuelta lentamente hacia el lugar donde había estado su cola hacía un rato, y luego, al ver que no podía alcanzarla, se dio la vuelta hacia el otro lado, hasta volver a donde estaba al principio, y entonces bajó la cabeza y miró entre sus patas delanteras, y al final dijo, con un largo y triste suspiro,

17.3 "I believe you're right."

"Creo que tienes razón."

18.1 "Of course I'm right," said Pooh.

"Claro que tengo razón," dijo Pooh.

19.1 "That Accounts for a Good Deal," said Eeyore gloomily.

"Eso lo explica todo," dijo Eeyore sombríamente.

19.2 "It Explains Everything. No Wonder."

"Lo explica todo. No me extraña."

20.1 "You must have left it somewhere,"

"Te lo habrás dejado en alguna parte,"

20.2 said Winnie-the-Pooh.

dijo Winnie-the-Pooh.

21.1 "Somebody must have taken it," said Eeyore.

"Alguien debe de haberlo cogido," dijo Eeyore.

"How Like Them," he added, after a long silence. 21.2

"Como ellos," añadió, tras un largo silencio.

Pooh felt that he ought to say something helpful 23.1
about it,

Pooh sintió que debía decir algo útil al respecto,

but didn't quite know what. 23.2

pero no sabía muy bien qué.

So he decided to do something helpful instead. 23.3

Así que decidió hacer algo útil en su lugar.

"Eeyore," he said solemnly, 24.1

"Eeyore," dijo solemnemente,

"I, Winnie-the-Pooh, will find your tail for you." 24.2

"yo, Winnie-the-Pooh, encontraré tu cola por ti."

"Thank you, Pooh," answered Eeyore. 25.1

"Gracias, Pooh," respondió Eeyore.

"You're a real friend," said he. "Not like Some," 25.2

"Eres un amigo de verdad," dijo él. "No como Algunos,"

he said. 25.3

dijo él.

26.1 **So Winnie-the-Pooh went off to find Eeyore's tail.**

Así que Winnie-the-Pooh se fue a buscar la cola de Eeyore.

27.1 **It was a fine spring morning in the forest as he started out.**

Era una hermosa mañana de primavera en el bosque cuando se puso en marcha.

27.2 **Little soft clouds played happily in a blue sky, skipping from time to time in front of the sun as if they had come to put it out, and then sliding away suddenly so that the next might have his turn.**

Pequeñas y suaves nubes jugaban alegremente en un cielo azul, saltando de vez en cuando delante del sol como si hubieran venido a apagarlo, y luego escurriéndose de repente para que le tocara el turno a la siguiente.

27.3 **Through them and between them the sun shone bravely;**

A través de ellos y entre ellos el sol brillaba valientemente;

27.4 **and a copse which had worn its firs all the year round seemed old and dowdy now beside the new green lace which the beeches had put on so prettily.**

y un bosquecillo que había lucido sus abetos todo el año parecía ahora viejo y desaliñado al lado del nuevo encaje verde que las hayas habían puesto tan bellamente.

27.5 **Through copse and spinney marched Bear;**

A través de bosquecillos y hileras marchó Oso;

27.6 **down open slopes of gorse and heather, over rocky beds of streams, up steep banks of sandstone into the heather again;**

bajó por laderas abiertas de aliagas y brezos, cruzó lechos rocosos de arroyos, subió por empinadas riberas de arenisca y se internó de nuevo en los brezos;

77

and so at last, tired and hungry, to the Hundred Acre
Wood.
27.7

y así, al fin, cansado y hambriento, llegó al Bosque de los
Cien Acres.

For it was in the Hundred Acre Wood that Owl lived.
27.8

En el Bosque de los Cien Acres vivía el Búho.

"And if anyone knows anything about anything,"
28.1

"Y si alguien sabe algo de algo,"

said Bear to himself,
28.2

se dijo Oso,

"it's Owl who knows something about something,"
he said,
28.3

"es Búho que sabe algo de algo," dijo,

"or my name's not Winnie-the-Pooh," he said.
28.4

"o mi nombre no es Winnie-the-Pooh," dijo.

"Which it is," he added. "So there you are."
28.5

"Que lo es," añadió. "Así que ahí estás."

Owl lived at The Chestnuts, an old-world residence of
great charm, which was grander than anybody else's,
or seemed so to Bear, because it had both a knocker
and a bell-pull.
29.1

El Búho vivía en Los Castaños, una residencia del viejo
mundo de gran encanto, que era más grandiosa que
cualquier otra, o así se lo parecía a Oso, porque tenía aldaba
y timbre.

Underneath the knocker there was a notice which
said:
29.2

Debajo de la aldaba había un aviso que decía:

30.1 **PLES RING IF AN RNSER IS REQIRD.**
LLAME SI NECESITA UN INTÉRPRETE.

31.1 Underneath the bell-pull there was a notice which said:
Debajo de la campana había un aviso que decía:

32.1 **PLEZ CNOKE IF AN RNSR IS NOT REQID.**
POR FAVOR, PREGUNTE SI NO NECESITA UN RNSR.

34.1 These notices had been written by Christopher Robin,
Estos avisos habían sido escritos por Christopher Robin,

34.2 who was the only one in the forest who could spell;
que era el único en el bosque que sabía deletrear;

for Owl, wise though he was in many ways, able to read and write and spell his own name WOL, yet somehow went all to pieces over delicate words like MEASLES and BUTTEREDTOAST.

_{34.3}

porque Búho, sabio como era en muchos aspectos, capaz de leer y escribir y deletrear su propio nombre, WOL, se volvía loco con palabras tan delicadas como MEASLES y BUTTEREDTOAST.

Winnie-the-Pooh read the two notices very carefully, first from left to right, and afterwards, in case he had missed some of it, from right to left.

_{35.1}

Winnie-the-Pooh leyó los dos avisos con mucha atención, primero de izquierda a derecha y después, por si se le había escapado algo, de derecha a izquierda.

Then, to make quite sure, he knocked and pulled the knocker, and he pulled and knocked the bell-rope, and he called out in a very loud voice,

_{35.2}

Luego, para asegurarse, llamó y tiró de la aldaba, tiró y golpeó la cuerda de la campana, y gritó en voz muy alta,

"Owl! I require an answer! It's Bear speaking."

_{35.3}

"¡Búho! ¡Necesito una respuesta! Habla Oso."

And the door opened, and Owl looked out.

_{35.4}

La puerta se abrió y el Búho se asomó.

"Hallo, Pooh," he said. "How's things?"

_{36.1}

"Hola, Pooh," dijo. "¿Cómo van las cosas?"

"Terrible and Sad," said Pooh,

_{37.1}

"Terrible y triste," dijo Pooh,

37.2 "because Eeyore, who is a friend of mine, has lost his
tail.

"porque Eeyore, que es amigo mío, ha perdido la cola."

37.3 And he's Moping about it.

Y está abatido por ello.

37.4 So could you very kindly tell me how to find it for
him?"

Así que, ¿podrías decirme muy amablemente cómo
encontrarla para él?"

38.1 "Well," said Owl,

"Bien," dijo el Búho,

38.2 "the customary procedure in such cases is as
follows."

"el procedimiento habitual en estos casos es el siguiente."

39.1 "What does Crustimoney Proseedcake mean?" said
Pooh.

"¿Qué significa pastel de prosa?" dijo Pooh.

39.2 "For I am a Bear of Very Little Brain,

"Porque soy un oso de muy poco cerebro,

39.3 and long words Bother me."

y las palabras largas me molestan."

40.1 "It means the Thing to Do."

"Significa lo que hay que hacer."

41.1 "As long as it means that, I don't mind,"

"Mientras signifique eso, no me importa,"

said Pooh humbly.   41.2
dijo Pooh humildemente.

"The thing to do is as follows. First,   42.1
"Lo que hay que hacer es lo siguiente. Primero,

Issue a Reward. Then —— "   42.2
dar una recompensa. Luego ..."

"Just a moment," said Pooh, holding up his paw.   43.1
"Un momento," dijo Pooh, levantando la pata.

"What do we do to this — what you were saying?   43.2
"¿Qué hacemos con esto que estabas diciendo?

You sneezed just as you were going to tell me."   43.3
Estornudaste justo cuando ibas a decírmelo."

"I didn't sneeze."   44.1
"No estornudé."

"Yes, you did, Owl."   45.1
"Sí, lo hiciste, Búho."

"Excuse me, Pooh, I didn't.   46.1
"Disculpa, Pooh, no lo hice.

You can't sneeze without knowing it."   46.2
No puedes estornudar sin saberlo."

"Well,   47.1
"Bueno,

47.2 you can't know it without something having been
sneezed."

no se puede saber sin haber estornudado algo."

48.1 "What I said was, 'First Issue a Reward'."

"Lo que dije fue: 'Primero, una recompensa.'"

49.1 "You're doing it again," said Pooh sadly.

"Lo estás haciendo otra vez," dijo Pooh con tristeza.

50.1 "A Reward!" said Owl very loudly.

"¡Una recompensa!" dijo el Búho muy alto.

50.2 "We write a notice to say that we will give a large
something to anybody who finds Eeyore's tail."

"Escribimos un aviso para decir que daremos algo grande a
quien encuentre la cola de Eeyore."

52.1 "I see, I see," said Pooh, nodding his head.

"Ya veo, ya veo," dijo Pooh, asintiendo con la cabeza.

52.2 "Talking about large somethings," he went on
dreamily,

"Hablando de cosas grandes," continuó soñadoramente,

"I generally have a small something about now — 52.3
about this time in the morning,"

"yo suelo tomar algo pequeño ahora, a esta hora de la
mañana,"

and he looked wistfully at the cupboard in the corner 52.4
of Owl's parlour;

y miró con nostalgia al armario de la esquina del salón de
Búho;

"just a mouthful of condensed milk or whatnot, 52.5

"sólo un bocado de leche condensada o algo así,

with perhaps a lick of honey —— " 52.6

quizás con un poco de miel ..."

"Well, then," said Owl, 53.1

"Bueno, entonces," dijo el Búho,

"we write out this notice, and we put it up all over the 53.2
forest."

"escribimos este aviso y lo ponemos por todo el bosque."

"A lick of honey," murmured Bear to himself, "or — 54.1
or not,

"Una lamida de miel," murmuró Oso para sí, "o no,

as the case may be." 54.2

según el caso."

And he gave a deep sigh, and tried very hard to listen 54.3
to what Owl was saying.

Dio un profundo suspiro y se esforzó por escuchar lo que
decía Búho.

55.1 But Owl went on and on, using longer and longer
words, until at last he came back to where he started,
and he explained that the person to write out this
notice was Christopher Robin.

Pero el Búho siguió y siguió, usando palabras cada vez
más largas, hasta que por fin volvió al punto de partida,
y explicó que la persona que debía escribir este aviso era
Christopher Robin.

56.1 "It was he who wrote the ones on my front
door for me.

"Fue él quien escribió las que están en la puerta de mi casa
para mí.

56.2 Did you see them, Pooh?"

¿Los viste, Pooh?"

57.1 For some time now Pooh had been saying "Yes" and
"No"

Hacía tiempo que Pooh decía "Sí" y "No"

57.2 in turn, with his eyes shut, to all that Owl was saying,
and having said,

por turnos, con los ojos cerrados, a todo lo que decía Búho,
y después de haber dicho

57.3 "Yes, yes," last time, he said "No, not at all," now,

"Sí, sí" la última vez, dijo "No, en absoluto" ahora,

57.4 without really knowing what Owl was talking about.

sin saber muy bien de qué hablaba Búho.

58.1 "Didn't you see them?" said Owl, a little surprised.

"¿No los has visto?" dijo el Búho, un poco sorprendido.

"Come and look at them now."

58.2

"Ven y míralos ahora."

So they went outside.

59.1

Así que salieron.

And Pooh looked at the knocker and the notice below
it, and he looked at the bell-rope and the notice below
it, and the more he looked at the bell-rope, the more
he felt that he had seen something like it, somewhere
else, sometime before.

59.2

Y Pooh miró la aldaba y el aviso que había debajo, y miró la
cuerda de la campana y el aviso que había debajo, y cuanto
más miraba la cuerda de la campana, más sentía que había
visto algo parecido, en algún otro lugar, alguna vez antes.

"Handsome bell-rope, isn't it?" said Owl.

60.1

"Bonita cuerda de campana, ¿verdad?" dijo el Búho.

Pooh nodded.

61.1

Pooh asintió.

"It reminds me of something," he said,

62.1

"Me recuerda a algo," dijo,

"but I can't think what. Where did you get it?"

62.2

"pero no se me ocurre a qué. ¿De dónde lo has sacado?"

64.1 "I just came across it in the Forest.
"Me lo encontré en el bosque.

64.2 It was hanging over a bush, and I thought at first
somebody lived there, so I rang it, and nothing
happened, and then I rang it again very loudly, and it
came off in my hand, and as nobody seemed to want
it, I took it home, and —— "
Estaba colgado sobre un arbusto, y al principio pensé
que alguien vivía allí, así que lo toqué, y no pasó nada, y
entonces lo volví a tocar muy fuerte, y se me soltó en la
mano, y como nadie parecía quererlo, me lo llevé a casa,
y ..."

65.1 "Owl," said Pooh solemnly, "you made a mistake.
"Búho," dijo Pooh solemnemente, "te equivocaste.

65.2 Somebody did want it."
Alguien lo quería."

"Who?"   66.1
"¿Quién?"

"Eeyore. My dear friend Eeyore. He was — he was   67.1
fond of it."
"Eeyore". Mi querido amigo Eeyore. Era — era aficionado a
él."

"Fond of it?"   68.1
"¿Te gusta?"

"Attached to it," said Winnie-the-Pooh sadly.   69.1
"Pegado a él," dijo Winnie-the-Pooh con tristeza.

So with these words he unhooked it, and carried it   71.1
back to Eeyore;
Así que con estas palabras lo desenganchó y se lo llevó a
Eeyore;

71.2 and when Christopher Robin had nailed it on in its right place again, Eeyore frisked about the forest, waving his tail so happily that Winnie-the-Pooh came over all funny, and had to hurry home for a little snack of something to sustain him.

y cuando Christopher Robin lo hubo clavado de nuevo en su sitio, Eeyore correteó por el bosque, agitando la cola tan alegremente que Winnie-the-Pooh se puso muy raro y tuvo que apresurarse a volver a casa para tomar un bocadito de algo que lo sostuviera.

71.3 And, wiping his mouth half an hour afterwards, he sang to himself proudly:

Y, media hora después, se limpiaba la boca y cantaba orgulloso:

72.1 Who found the Tail?

¿Quién encontró la Cola?

73.1 "I," said Pooh,

"Yo," dijo Pooh,

74.1 "At a quarter to two

"A las dos menos cuarto

75.1 (Only it was quarter to eleven really),

(Sólo que en realidad eran las once menos cuarto),

89

— I —

found the Tail!"   77.1

encontró la Cola!"

CHAPTER V · IN WHICH PIGLET MEETS A HEFFALUMP

CAPÍTULO V · EN EL QUE UN LECHÓN SE ENCUENTRA CON UN HEFFALUMP

1.1 One day, when Christopher Robin and Winnie-the-Pooh and Piglet were all talking together, Christopher Robin finished the mouthful he was eating and said carelessly,

Un día, cuando Christopher Robin, Winnie-the-Pooh y Piglet estaban hablando todos juntos, Christopher Robin terminó el bocado que estaba comiendo y dijo despreocupadamente,

1.2 "I saw a Heffalump to-day, Piglet."

"Hoy he visto un Heffalump, Piglet."

2.1 "What was it doing?" asked Piglet.

"¿Qué hacía?" preguntó Piglet.

3.1 "Just lumping along," said Christopher Robin.

"Sólo iba dando tumbos," dijo Christopher Robin.

"I don't think it saw me." 3.2

"No creo que me haya visto."

"I saw one once," said Piglet. 4.1

"Yo vi uno una vez," dijo Piglet.

"At least, I think I did," he said. 4.2

"Al menos, creo que lo vi," dijo.

"Only perhaps it wasn't." 4.3

"Sólo que tal vez no lo era."

"So did I," said Pooh, wondering what a Heffalump 5.1
was like.

"Yo también," dijo Pooh, preguntándose cómo sería un
Heffalump.

"You don't often see them," 6.1

"No se ven a menudo,"

said Christopher Robin carelessly. 6.2

dijo Christopher Robin despreocupadamente.

"Not now," said Piglet. 7.1

"Ahora no," dijo Piglet.

"Not at this time of year," said Pooh. 8.1

"No en esta época del año," dijo Pooh.

10.1 Then they all talked about something else,
Luego todos hablaron de otra cosa,

10.2 until it was time for Pooh and Piglet to go home together.
hasta que llegó la hora de que Pooh y Piglet volvieran juntos a casa.

10.3 At first as they stumped along the path which edged the Hundred Acre Wood, they didn't say much to each other;
Al principio, mientras avanzaban por el sendero que bordeaba el Bosque de los Cien Acres, no se dijeron mucho;

10.4 but when they came to the stream and had helped each other across the stepping stones, and were able to walk side by side again over the heather, they began to talk in a friendly way about this and that, and Piglet said,
Pero cuando llegaron al arroyo y se ayudaron mutuamente a cruzar los escalones, y pudieron volver a caminar uno al lado del otro sobre el brezo, empezaron a hablar amigablemente de esto y aquello, y Piglet dijo,

"If you see what I mean, Pooh," and Pooh said,   10.5
"Si entiendes lo que quiero decir, Pooh," y Pooh dijo,

"It's just what I think myself, Piglet," and Piglet said,   10.6
"Es justo lo que yo pienso, Piglet," y Piglet dijo,

"But, on the other hand, Pooh, we must remember,"   10.7
"Pero, por otra parte, Pooh, debemos recordar,"

and Pooh said,   10.8
y Pooh dijo,

"Quite true, Piglet, although I had forgotten it for the   10.9
moment."
"Muy cierto, Piglet, aunque lo había olvidado por el
momento"."

And then, just as they came to the Six Pine Trees,   10.10
Pooh looked round to see that nobody else was
listening, and said in a very solemn voice:
Y entonces, justo cuando llegaron a los Seis Pinos, Pooh
miró a su alrededor para ver que nadie más estaba
escuchando, y dijo con voz muy solemne

"Piglet, I have decided something."   11.1
"Piglet, he decidido algo."

"What have you decided, Pooh?"   12.1
"¿Qué has decidido, Pooh?"

"I have decided to catch a Heffalump."   13.1
"He decidido atrapar un Heffalump."

Pooh nodded his head several times as he said this,   14.1
Pooh asintió con la cabeza varias veces mientras decía esto,

14.2 **and waited for Piglet to say "How?" or "Pooh, you couldn't!"**

y esperó a que Piglet dijera "¿Cómo?" o "¡Pooh, no podrías!"

14.3 **or something helpful of that sort, but Piglet said nothing.**

o algo útil por el estilo, pero Piglet no dijo nada.

14.4 **The fact was Piglet was wishing that he had thought about it first.**

El hecho era que Piglet estaba deseando haberlo pensado antes.

15.1 **"I shall do it," said Pooh, after waiting a little longer,**

"Lo haré," dijo Pooh, después de esperar un poco más,

15.2 **"by means of a trap.**

"por medio de una trampa.

15.3 **And it must be a Cunning Trap, so you will have to help me, Piglet."**

Y debe ser una Trampa Astuta, así que tendrás que ayudarme, Piglet."

16.1 **"Pooh," said Piglet, feeling quite happy again now, "I will."**

"Pooh," dijo Piglet, sintiéndose de nuevo muy feliz, "lo haré."

16.2 **And then he said, "How shall we do it?" and Pooh said,**

Y luego dijo, "¿Cómo lo haremos?" y Pooh respondió,

16.3 **"That's just it. How?"**

"Eso mismo. ¿Cómo?"

And then they sat down together to think it out. 16.4

Y se sentaron juntos a pensarlo.

Pooh's first idea was that they should dig a Very Deep 17.1
Pit, and then the Heffalump would come along and
fall into the Pit, and ——

La primera idea de Pooh fue que debían cavar un pozo muy
profundo, y entonces el Heffalump vendría y caería en el
pozo, y ...

"Why?" said Piglet. 18.1

"¿Por qué?" dijo Piglet.

"Why what?" said Pooh. 19.1

"¿Por qué qué?" dijo Pooh.

"Why would he fall in?" 20.1

"¿Por qué se caería?"

Pooh rubbed his nose with his paw, and said that the 21.1
Heffalump might be walking along, humming a little
song, and looking up at the sky, wondering if it would
rain, and so he wouldn't see the Very Deep Pit until
he was half-way down, when it would be too late.

Pooh se frotó la nariz con la pata, y dijo que el Heffalump
podría estar caminando, tarareando una cancioncilla, y
mirando al cielo, preguntándose si llovería, y así no vería el
Pozo Muy Profundo hasta que estuviera a mitad de camino,
cuando ya sería demasiado tarde.

Piglet said that this was a very good Trap, 22.1

Piglet dijo que era una trampa muy buena,

22.2 but supposing it were raining already?

pero ¿y si ya estuviera lloviendo?

23.1 Pooh rubbed his nose again, and said that he hadn't thought of that.

Pooh volvió a frotarse la nariz y dijo que no había pensado en eso.

23.2 And then he brightened up, and said that, if it were raining already, the Heffalump would be looking at the sky wondering if it would clear up, and so he wouldn't see the Very Deep Pit until he was half-way down ...When it would be too late.

Y luego se animó y dijo que, si ya estuviera lloviendo, el Heffalump estaría mirando al cielo preguntándose si se despejaría y, por lo tanto, no vería el Pozo Muy Profundo hasta que estuviera a mitad de camino hacia abajo ...Entonces sería demasiado tarde.

24.1 Piglet said that, now that this point had been explained, he thought it was a Cunning Trap.

Piglet dijo que, ahora que se había explicado este punto, pensaba que se trataba de una Trampa Astuta.

25.1 Pooh was very proud when he heard this, and he felt that the Heffalump was as good as caught already, but there was just one other thing which had to be thought about, and it was this.

Pooh se sintió muy orgulloso al oír esto, y pensó que el Heffalump ya estaba como atrapado, pero sólo había una cosa más en la que había que pensar, y era ésta.

25.2 Where should they dig the Very Deep Pit?

¿Dónde debían cavar el Pozo Muy Profundo?

Piglet said that the best place would be somewhere where a Heffalump was, just before he fell into it, only about a foot farther on.

26.1

Piglet dijo que el mejor lugar sería donde estaba un Heffalump, justo antes de caer en él, sólo unos treinta centímetros más adelante.

"But then he would see us digging it," said Pooh.

27.1

"Pero entonces nos vería cavando," dijo Pooh.

"Not if he was looking at the sky."

28.1

"No si estaba mirando al cielo."

"He would Suspect," said Pooh,

29.1

"Sospecharía," dijo Pooh,

"if he happened to look down."

29.2

"si se le ocurriera mirar hacia abajo."

He thought for a long time and then added sadly,

29.3

Se quedó pensativo un buen rato y luego añadió con tristeza,

"It isn't as easy as I thought.

29.4

"No es tan fácil como pensaba.

I suppose that's why Heffalumps hardly ever get caught."

29.5

Supongo que por eso casi nunca atrapan a los Heffalumps."

"That must be it," said Piglet.

30.1

"Debe de ser eso," dijo Piglet.

They sighed and got up;

31.1

Suspiraron y se levantaron;

31.2 and when they had taken a few gorse prickles out of themselves they sat down again;

y cuando se hubieron quitado unas cuantas espinas de tojo - volvieron a sentarse;

31.3 and all the time Pooh was saying to himself,

y todo el tiempo Pooh se decía,

31.4 "If only I could think of something!"

"¡Si al menos se me ocurriera algo!"

31.5 For he felt sure that a Very Clever Brain could catch a Heffalump if only he knew the right way to go about it.

Porque estaba seguro de que un Cerebro Muy Listo podría atrapar a un Heffalump si supiera cómo hacerlo.

32.1 "Suppose," he said to Piglet, "you wanted to catch me,

"Supón," le dijo a Piglet, "que quisieras atraparme,

32.2 how would you do it?"

¿cómo lo harías?"

33.1 "Well," said Piglet, "I should do it like this.

"Bueno," dijo Piglet, "yo lo haría así.

33.2 I should make a Trap, and I should put a Jar of Honey in the Trap, and you would smell it, and you would go in after it, and —— "

Haría una trampa y pondría un tarro de miel en la trampa, y tú lo olerías y entrarías a por él y ..."

34.1 "And I would go in after it," said Pooh excitedly,

"Y yo iría tras él," dijo Pooh excitado,

"only very carefully so as not to hurt myself, and I
would get to the Jar of Honey, and I should lick round
the edges first of all, pretending that there wasn't
any more, you know, and then I should walk away
and think about it a little, and then I should come
back and start licking in the middle of the jar, and
then —— "   34.2

"sólo que con mucho cuidado para no hacerme daño, y
llegaría al tarro de miel, y primero lamería alrededor de los
bordes, fingiendo que no había más, ya sabes, y luego me
alejaría y pensaría un poco, y luego volvería y empezaría a
lamer en el centro del tarro, y entonces ..."

"Yes, well never mind about that. There you
would be,   35.1

"Sí, bueno, no te preocupes por eso. Allí estarías,

and there I should catch you.   35.2

y allí debería atraparte.

Now the first thing to think of is, What do
Heffalumps like?   35.3

Ahora lo primero que hay que pensar es: ¿Qué les gusta a los
Heffalumps?

I should think acorns, shouldn't you?   35.4

Creo que bellotas, ¿no?

We'll get a lot of —— I say, wake up, Pooh!"   35.5

Conseguiremos un montón de ...¡Dije, despierta, Pooh!"

36.1 **Pooh, who had gone into a happy dream, woke up with a start, and said that Honey was a much more trappy thing than Haycorns.**

Pooh, que había entrado en un sueño feliz, se despertó sobresaltado, y dijo que la miel era una cosa mucho más trampa que las bellotas de heno.

36.2 **Piglet didn't think so;**

Piglet no pensaba lo mismo;

36.3 **and they were just going to argue about it, when Piglet remembered that, if they put acorns in the Trap, he would have to find the acorns, but if they put honey, then Pooh would have to give up some of his own honey, so he said,**

e iban a discutir sobre ello, cuando Piglet recordó que, si ponían bellotas en la Trampa, él tendría que encontrar las bellotas, pero si ponían miel, entonces Pooh tendría que renunciar a parte de su propia miel, así que dijo,

36.4 **"All right, honey then,"**

"Muy bien, miel entonces,"

36.5 **just as Pooh remembered it too, and was going to say,**

justo cuando Pooh también lo recordaba, e iba a decir,

36.6 **"All right, haycorns."**

"Muy bien, bellotas de heno."

37.1 **"Honey," said Piglet to himself in a thoughtful way,**

"Miel," se dijo Piglet pensativo,

37.2 **as if it were now settled. "I'll dig the pit,**

como si ya estuviera decidido. "Yo cavaré la fosa,

while you go and get the honey."

37.3

mientras tú vas a buscar la miel."

"Very well," said Pooh, and he stumped off.

38.1

"Muy bien," dijo Pooh, y se marchó dando tumbos.

As soon as he got home, he went to the larder; and he stood on a chair, and took down a very large jar of honey from the top shelf.

40.1

En cuanto llegó a casa, se dirigió a la despensa, se sentó en una silla y cogió un gran tarro de miel del estante superior.

It had HUNNY written on it, but, just to make sure, he took off the paper cover and looked at it, and it looked just like honey.

40.2

Llevaba escrito "conejito," pero, para asegurarse, le quitó la tapa de papel y lo miró, y parecía miel.

"But you never can tell," said Pooh.

40.3

"Pero nunca se sabe," dijo Pooh.

40.4 "I remember my uncle saying once that he had seen cheese just this colour."

"Recuerdo que mi tío dijo una vez que había visto queso de este color."

40.5 So he put his tongue in, and took a large lick. "Yes,"

Así que metió la lengua y le dio una gran lamida. "Sí,"

40.6 he said, "it is. No doubt about that.

dijo, "lo es. No hay duda.

40.7 And honey, I should say, right down to the bottom of the jar.

Y miel, diría yo, hasta el fondo del tarro.

40.8 Unless, of course," he said,

A no ser, por supuesto," dijo,

40.9 "somebody put cheese in at the bottom just for a joke.

"que alguien haya puesto queso en el fondo como broma".

40.10 Perhaps I had better go a little further ...just in case ...in case Heffalumps don't like cheese ...same as me ...Ah!"

Tal vez sea mejor que vaya un poco más lejos ...por si acaso ...por si a Heffalumps no le gusta el queso ...igual que a mí ...Ah!"

40.11 And he gave a deep sigh. "I was right. It is honey,

Y dio un profundo suspiro. "Tenía razón. Es miel,

40.12 right the way down."

hasta el fondo."

Having made certain of this, he took the jar back to
Piglet, and Piglet looked up from the bottom of his
Very Deep Pit, and said, "Got it?" and Pooh said, "Yes,
but it isn't quite a full jar," and he threw it down to
Piglet, and Piglet said, "No, it isn't!

42.1

Pooh dijo, "Sí, pero no está lleno del todo," y se lo tiró a
Piglet, que dijo, "¡No, no lo está!

Is that all you've got left?" and Pooh said "Yes."

42.2

¿Es todo lo que te queda?" y Pooh dijo "Sí."

Because it was.

42.3

Porque lo era.

So Piglet put the jar at the bottom of the Pit, and
climbed out, and they went off home together.

42.4

Así que Piglet puso el tarro en el fondo del pozo, se bajó y se
fueron juntos a casa.

44.1 "Well, good night, Pooh,"
"Buenas noches, Pooh,"

44.2 said Piglet, when they had got to Pooh's house.
dijo Piglet cuando llegaron a casa de Pooh.

44.3 "And we meet at six o'clock to-morrow morning by the Pine Trees,
"Y nos encontraremos mañana a las seis de la mañana junto a los Pinos,

44.4 and see how many Heffalumps we've got in our Trap."
y veremos cuántos Heffalumps tenemos en nuestra Trampa."

45.1 "Six o'clock, Piglet. And have you got any string?"
"A las seis, Piglet. ¿Y tienes cuerda?"

46.1 "No. Why do you want string?"
"No. ¿Por qué quieres cuerda?"

47.1 "To lead them home with."
"Para llevarlos a casa."

48.1 "Oh! ...I think Heffalumps come if you whistle."
"¡Oh! ...Creo que los Heffalumps vienen si silbas."

49.1 "Some do and some don't. You never can tell with Heffalumps.
"Algunos sí y otros no. Nunca se sabe con los Heffalumps.

49.2 Well, good night!"
Bueno, ¡buenas noches!"

"Good night!" 50.1

"¡Buenas noches!"

And off Piglet trotted to his house TRESPASSERS W, 51.1

Y Piglet se fue trotando a su casa TRESPASSERS W,

while Pooh made his preparations for bed. 51.2

mientras Pooh se preparaba para irse a la cama.

Some hours later, just as the night was beginning to 52.1
steal away, Pooh woke up suddenly with a sinking
feeling.

Unas horas más tarde, justo cuando la noche empezaba
a desaparecer, Pooh se despertó de repente con una
sensación de hundimiento.

He had had that sinking feeling before, and he knew 52.2
what it meant.

Ya había tenido esa sensación antes y sabía lo que
significaba.

He was hungry. 52.3

Tenía hambre.

So he went to the larder, and he stood on a chair and 52.4
reached up to the top shelf, and found — nothing.

Así que fue a la despensa, se subió a una silla, alcanzó el
estante superior y no encontró nada.

"That's funny," he thought. 53.1

"Qué curioso," pensó.

"I know I had a jar of honey there. 53.2

"Sé que tenía allí un tarro de miel.

53.3   A full jar, full of honey right up to the top, and it had
HUNNY written on it, so that I should know it was
honey.
Un tarro lleno, lleno de miel hasta arriba, y tenía escrito
HUNNY, para que yo supiera que era miel.

53.4   That's very funny."
Es muy gracioso."

53.5   And then he began to wander up and down,
Y entonces empezó a dar vueltas arriba y abajo,

53.6   wondering where it was and murmuring a murmur
to himself.
preguntándose dónde estaría y murmurando para sí.

53.7   Like this:
Así:

54.1   It's very, very funny,
Es muy, muy divertido,

55.1   'Cos I
Porque yo

56.1   know
conozca

57.1   I had some honey;
Tenía un poco de miel;

58.1   'Cos it had a label on,
Porque tenía una etiqueta,

Saying HUNNY. 59.1
Diciendo HUNNY.

A goloptious full-up pot too, 60.1
Una olla llena de goloptious también,

And I don't know where it's got to, 61.1
Y no sé dónde se ha metido,

No, I don't know where it's gone - 62.1
No, no sé dónde ha ido -

Well, it's funny. 63.1
Bueno, es gracioso.

He had murmured this to himself three times in a 64.1
singing sort of way,
Lo había murmurado para sí mismo tres veces de forma
cantarina,

when suddenly he remembered. 64.2
cuando de repente recordó.

He had put it into the Cunning Trap to catch the 64.3
Heffalump.
Lo había puesto en la Trampa Astuta para atrapar al
Heffalump.

"Bother!" said Pooh. 65.1
"¡Maldición!" dijo Pooh.

"It all comes of trying to be kind to Heffalumps." 65.2
"Todo viene de intentar ser amable con Heffalumps."

65.3 And he got back into bed.

Y volvió a meterse en la cama.

66.1 But he couldn't sleep. The more he tried to sleep,

Pero no podía dormir. Cuanto más intentaba dormir,

66.2 the more he couldn't.

más le costaba.

66.3 He tried Counting Sheep, which is sometimes a good way of getting to sleep, and, as that was no good, he tried counting Heffalumps.

Intentó contar ovejas, que a veces es una buena forma de conciliar el sueño, y, como eso no servía, probó a contar Heffalumps.

66.4 And that was worse.

Y eso fue peor.

66.5 Because every Heffalump that he counted was making straight for a pot of Pooh's honey, and eating it all.

Porque cada Heffalump que contaba se dirigía directamente a un tarro de miel de Pooh y se lo comía todo.

66.6 For some minutes he lay there miserably, but when the five hundred and eighty-seventh Heffalump was licking its jaws, and saying to itself,

Durante algunos minutos permaneció allí miserablemente, pero cuando el quinientos ochenta y siete Heffalump estaba lamiéndose las mandíbulas y diciéndose a sí mismo,

66.7 "Very good honey this, I don't know when I've tasted better,"

"Muy buena miel ésta, no sé cuándo la he probado mejor,"

Pooh could bear it no longer. 66.8

Pooh no pudo soportarlo más.

He jumped out of bed, he ran out of the house, and he 66.9
ran straight to the Six Pine Trees.

Saltó de la cama, salió corriendo de casa y corrió
directamente a los Seis Pinos.

The Sun was still in bed, 68.1

El Sol seguía acostado,

but there was a lightness in the sky over the Hundred 68.2
Acre Wood which seemed to show that it was waking
up and would soon be kicking off the clothes.

pero había una claridad en el cielo del Bosque de los Cien
Acres que parecía indicar que se estaba despertando y que
pronto se quitaría la ropa.

68.3 In the half-light the Pine Trees looked cold and lonely, and the Very Deep Pit seemed deeper than it was, and Pooh's jar of honey at the bottom was something mysterious, a shape and no more.

En la penumbra, los pinos parecían fríos y solitarios, y el Foso Muy Profundo parecía más profundo de lo que era, y el tarro de miel de Pooh en el fondo era algo misterioso, una forma y nada más.

68.4 But as he got nearer to it his nose told him that it was indeed honey, and his tongue came out and began to polish up his mouth, ready for it.

Pero a medida que se acercaba a él su nariz le decía que efectivamente era miel, y su lengua salía y empezaba a pulirse la boca, lista para recibirla.

70.1 "Bother!" said Pooh, as he got his nose inside the jar.

"¡Caramba!" dijo Pooh, mientras metía la nariz en el tarro.

70.2 "A Heffalump has been eating it!"

"¡Se lo ha estado comiendo un Heffalump!"

70.3 And then he thought a little and said, "Oh, no, I did.

Y luego pensó un poco y dijo, "Oh, no, lo hice.

I forgot."   70.4

Se me había olvidado."

Indeed, he had eaten most of it.   71.1

De hecho, se había comido casi todo.

But there was a little left at the very bottom of the jar,   71.2
and he pushed his head right in, and began to lick...

Pero quedaba un poco en el fondo del tarro, metió la cabeza
dentro y empezó a lamer...

By and by Piglet woke up.   73.1

Poco a poco Piglet se despertó.

As soon as he woke he said to himself, "Oh!"   73.2

Nada más despertarse se dijo, " ¡Oh!"

Then he said bravely, "Yes," and then, still more   73.3
bravely,

Luego dijo con valentía, "Sí," y con más valentía aún,

"Quite so."   73.4

"Así es."

73.5 But he didn't feel very brave, for the word which was really jiggeting about in his brain was "Heffalumps."

Pero no se sintió muy valiente, porque la palabra que le rondaba por la cabeza era, "Chichón."

74.1 What was a Heffalump like?

¿Cómo era un Heffalump?

75.1 Was it Fierce?

¿Fue Feroz?

76.1 Did it come when you whistled? And how did it come?

¿Vino cuando silbaste? ¿Y cómo vino?

77.1 Was it Fond of Pigs at all?

¿Fue Fond of Pigs?

78.1 If it was Fond of Pigs,

Si era aficionado a los cerdos,

78.2 did it make any difference what sort of Pig?

¿hacía alguna diferencia qué tipo de cerdo?

79.1 Supposing it was Fierce with Pigs,

Suponiendo que fuera Feroz con los Cerdos,

79.2 would it make any difference if the Pig had a grandfather called TRESPASSERS WILLIAM?

¿haría alguna diferencia si el Cerdo tuviera un abuelo llamado TRESPASSERS WILLIAM?

He didn't know the answer to any of these questions 81.1
...and he was going to see his first Heffalump in about
an hour from now!
No sabía la respuesta a ninguna de estas preguntas ...¡y
dentro de una hora iba a ver a su primer Heffalump!

Of course Pooh would be with him, 82.1
Por supuesto Pooh estaría con él,

and it was much more Friendly with two. 82.2
y era mucho más Amistoso con dos.

But suppose Heffalumps were Very Fierce with Pigs 82.3
and Bears?
Pero supongamos que Heffalumps fuera muy Feroz con los
Cerdos y los Osos?

Wouldn't it be better to pretend that he had a 82.4
headache, and couldn't go up to the Six Pine Trees
this morning?
¿No sería mejor fingir que le dolía la cabeza y que no podía
subir a los Seis Pinos esta mañana?

82.5 But then suppose that it was a very fine day, and there was no Heffalump in the trap, here he would be, in bed all the morning, simply wasting his time for nothing.

Pero entonces supongamos que era un día muy bueno, y no había ningún Heffalump en la trampa, aquí estaría, en la cama toda la mañana, simplemente perdiendo el tiempo para nada.

82.6 What should he do?

¿Qué debería hacer?

83.1 And then he had a Clever Idea.

Y entonces se le ocurrió una idea inteligente.

83.2 He would go up very quietly to the Six Pine Trees now, peep very cautiously into the Trap, and see if there was a Heffalump there.

Subiría muy silenciosamente a los seis pinos, se asomaría con cautela a la trampa y vería si había algún Heffalump.

83.3 And if there was, he would go back to bed, and if there wasn't, he wouldn't.

Y si lo había, volvería a la cama, y si no lo había, no lo haría.

84.1 So off he went.

Así que se puso en marcha.

At first he thought that there wouldn't be a
Heffalump in the Trap, and then he thought that
there would, and as he got nearer he was sure that
there would, because he could hear it heffalumping
about it like anything.

84.2

Al principio pensó que no habría ningún Heffalump en
la Trampa, y luego pensó que sí lo habría, y a medida que
se acercaba estaba seguro de que sí, porque podía oírlo
heffalump como si nada.

"Oh, dear, oh, dear, oh, dear!" said Piglet to himself.

85.1

"¡Oh, Dios, oh, Dios, oh, Dios!" se dijo Piglet.

And he wanted to run away.

85.2

Y quiso salir corriendo.

But somehow, having got so near, he felt that he must
just see what a Heffalump was like.

85.3

Pero, de algún modo, al acercarse tanto, sintió que debía
ver cómo era un Heffalump.

So he crept to the side of the Trap and looked in ...

85.4

Así que se arrastró hasta el lado de la Trampa y miró en ...

87.1 And all the time Winnie-the-Pooh had been trying to get the honey-jar off his head.

Y todo el tiempo Winnie-the-Pooh había estado intentando quitarse el tarro de miel de la cabeza.

87.2 The more he shook it, the more tightly it stuck.

Cuanto más lo sacudía, más se le pegaba.

88.1 "Bother!" he said, inside the jar, and "Oh, help!"

"¡Maldición!" dijo, dentro del frasco, y "¡Oh, ayuda!"

88.2 and, mostly, "Ow!"

y, sobre todo, " ¡Ay!"

88.3 And he tried bumping it against things, but as he couldn't see what he was bumping it against, it didn't help him;

Y trató de golpearlo contra las cosas, pero como no podía ver contra qué lo golpeaba, eso no le ayudó;

88.4 and he tried to climb out of the Trap, but as he could see nothing but jar, and not much of that, he couldn't find his way.

y trató de salir de la Trampa, pero como no podía ver nada más que el frasco, y no mucho de eso, no podía encontrar el camino.

88.5 So at last he lifted up his head, jar and all, and made a loud, roaring noise of Sadness and Despair ...and it was at that moment that Piglet looked down.

Así que al final levantó la cabeza, con el tarro y todo, e hizo un fuerte y rugiente ruido de tristeza y desesperación ...y fue en ese momento cuando Piglet miró hacia abajo.

"Help, help!" cried Piglet, "a Heffalump, 90.1
"¡Socorro, socorro!" gritó Piglet, "¡un Heffalump,

a Horrible Heffalump!" 90.2
un Horrible Heffalump!"

and he scampered off as hard as he could, still crying 90.3
out,
y salió correteando como pudo, sin dejar de gritar,

"Help, help, a Herrible Hoffalump! 90.4
"¡Socorro, socorro, un Herrible Hoffalump!

Hoff, Hoff, a Hellible Horralump! 90.5
¡Hoff, Hoff, un Horrible Horralump!

Holl, Holl, a Hoffable Hellerump!" 90.6
Holl, Holl, un Hoffable Hellerump!"

And he didn't stop crying and scampering until he 90.7
got to Christopher Robin's house.
Y no paró de llorar y corretear hasta que llegó a casa de
Christopher Robin.

91.1 "Whatever's the matter, Piglet?" said Christopher Robin,
"¿Qué te pasa, Piglet?" dijo Christopher Robin,

91.2 who was just getting up.
que acababa de levantarse.

92.1 "Heff,"
"Heff,"

92.2 said Piglet, breathing so hard that he could hardly speak,
dijo Piglet, respirando tan fuerte que apenas podía hablar,

92.3 "a Heff — a Heff — a Heffalump."
"un Heff — a Heff — a Heffalump."

93.1 "Where?"
"¿Dónde?"

94.1 "Up there," said Piglet, waving his paw.
"Ahí arriba," dijo Piglet, agitando la pata.

95.1 "What did it look like?"
"¿Qué aspecto tenía?"

96.1 "Like — like —— It had the biggest head you ever saw,
"Tenía la cabeza más grande que hayas visto,

96.2 Christopher Robin. A great enormous thing, like — like nothing.
Christopher Robin. Una cosa enorme, como nada.

96.3 A huge big — well,
Una enorme — bueno,

like a — I don't know — like an enormous big
nothing.

96.4

como una — no sé — como una enorme nada.

Like a jar."

96.5

Como un frasco."

"Well," said Christopher Robin, putting on his shoes,

97.1

"Bueno," dijo Christopher Robin, poniéndose los zapatos,

"I shall go and look at it. Come on."

97.2

"iré a verlo. Vamos."

Piglet wasn't afraid if he had Christopher Robin with
him,

99.1

Piglet no tenía miedo si tenía a Christopher Robin con él,

so off they went ...

99.2

así que se fueron ...

"I can hear it, can't you?" said Piglet anxiously,

100.1

"Puedo oírlo, ¿verdad?" dijo Piglet ansiosamente,

as they got near.

100.2

cuando se acercaron.

101.1 "I can hear something," said Christopher Robin.

"Oigo algo," dijo Christopher Robin.

102.1 It was Pooh bumping his head against a tree-root he had found.

Era Pooh golpeándose la cabeza contra la raíz de un árbol que había encontrado.

103.1 "There!" said Piglet. "Isn't it awful?"

"¡Ya está!" dijo Piglet. "¿No es horrible?"

103.2 And he held on tight to Christopher Robin's hand.

Y se agarró con fuerza a la mano de Christopher Robin.

104.1 Suddenly Christopher Robin began to laugh ...and he laughed ...and he laughed ...and he laughed.

De repente, Christopher Robin empezó a reír ...y a reír ...y a reír ...y a reír.

104.2 And while he was still laughing — Crash went the Heffalump's head against the tree-root, Smash went the jar, and out came Pooh's head again ...

Y mientras seguía riendo, la cabeza de Heffalump se estrelló contra la raíz del árbol, el frasco se rompió y la cabeza de Pooh volvió a salir ...

Then Piglet saw what a Foolish Piglet he had been, 106.1
Entonces Piglet vio lo tonto que había sido,

and he was so ashamed of himself that he ran straight 106.2
off home and went to bed with a headache.
y se avergonzó tanto de sí mismo que se fue corriendo a casa
y se acostó con dolor de cabeza.

But Christopher Robin and Pooh went home to 106.3
breakfast together.
Pero Christopher Robin y Pooh se fueron juntos a casa a
desayunar.

"Oh, Bear!" said Christopher Robin. "How I do love 107.1
you!"
"¡Oh, Oso!" dijo Christopher Robin. "¡Cómo te quiero!"

"So do I," said Pooh. 108.1
"Yo también," dijo Pooh.

CHAPTER VI · IN WHICH EEYORE HAS A BIRTHDAY AND GETS TWO PRESENTS

CAPÍTULO VI · EN EL QUE EEYORE CUMPLE AÑOS Y RECIBE DOS REGALOS

1.1 Eeyore, the old grey Donkey, stood by the side of the stream, and looked at himself in the water.

Eeyore, el viejo burro gris, estaba de pie junto al arroyo y se miraba en el agua.

2.1 "Pathetic," he said. "That's what it is. Pathetic."

"Patético," dijo. "Eso es lo que es. Patético."

3.1 He turned and walked slowly down the stream for twenty yards, splashed across it, and walked slowly back on the other side.

Se dio la vuelta y caminó lentamente por el arroyo durante veinte metros, chapoteó en él y regresó lentamente por el otro lado.

3.2 Then he looked at himself in the water again.

Luego volvió a mirarse en el agua.

"As I thought," he said. "No better from this side.   4.1

"Como pensaba," dijo. "No mejor desde este lado.

But nobody minds. Nobody cares. Pathetic,   4.2

Pero a nadie le importa. A nadie le importa. Patético,

that's what it is."   4.3

eso es lo que es."

There was a crackling noise in the bracken behind   6.1
him, and out came Pooh.

Se oyó un crujido en la maleza detrás de él y salió Pooh.

"Good morning, Eeyore," said Pooh.   7.1

"Buenos días, Eeyore," dijo Pooh.

"Good morning, Pooh Bear," said Eeyore gloomily.   8.1

"Buenos días, oso Pooh," dijo Eeyore sombríamente.

8.2 "If it is a good morning," he said. "Which I doubt,"
"Si es que es un buen día," dijo él. "Lo cual dudo,"

8.3 said he.
dijo él.

9.1 "Why, what's the matter?"
"¿Por qué, qué pasa?"

10.1 "Nothing, Pooh Bear, nothing. We can't all,
"Nada, Oso Pooh, nada. No todos podemos,

10.2 and some of us don't. That's all there is to it."
y algunos no. Eso es todo."

11.1 "Can't all what?" said Pooh, rubbing his nose.
"¿No pueden todos qué?" dijo Pooh, frotándose la nariz.

12.1 "Gaiety. Song-and-dance.
"Gaiety. Canto y baile.

12.2 Here we go round the mulberry bush."
Aquí vamos alrededor del arbusto de moras."

13.1 "Oh!" said Pooh.
"¡Oh!" dijo Pooh.

13.2 He thought for a long time, and then asked,
Se quedó pensativo un buen rato y luego preguntó,

13.3 "What mulberry bush is that?"
"¿Qué morera es ésa?"

"Bon-hommy," went on Eeyore gloomily.   14.1

"Bon-hommy," continuó Eeyore sombríamente.

"French word meaning bonhommy," he explained.   14.2

"Palabra francesa que significa bonhommy," explicó.

"I'm not complaining, but There It Is."   14.3

"No me quejo, pero ahí está."

Pooh sat down on a large stone, and tried to think   16.1
this out.

Pooh se sentó en una gran piedra y trató de reflexionar.

It sounded to him like a riddle, and he was never   16.2
much good at riddles, being a Bear of Very Little
Brain.

Le sonaba a acertijo, y a él, que era un oso de muy poco
cerebro, nunca se le habían dado bien los acertijos.

So he sang Cottleston Pie instead: 16.3

Así que cantó "Pastel de Cottleston" en su lugar:

Cottleston, Cottleston, Cottleston Pie,   17.1

Cottleston, Cottleston, Cottleston Pie,

18.1 A fly can't bird, but a bird can fly.
Una mosca no puede pájaro, pero un pájaro puede volar.

19.1 Ask me a riddle and I reply:
Pregúntame una adivinanza y te respondo:

20.1 "Cottleston, Cottleston, Cottleston Pie."
"Cottleston, Cottleston, Cottleston Pie."

21.1 That was the first verse.
Ésa era la primera estrofa.

21.2 When he had finished it, Eeyore didn't actually say
that he didn't like it, so Pooh very kindly sang the
second verse to him:
Cuando la terminó, Eeyore no dijo que no le gustaba, así
que Pooh, muy amablemente, le cantó la segunda estrofa:

22.1 Cottleston, Cottleston, Cottleston Pie,
Cottleston, Cottleston, Cottleston Pie,

23.1 A fish can't whistle and neither can I.
Un pez no puede silbar y yo tampoco.

24.1 Ask me a riddle and I reply:
Pregúntame una adivinanza y te respondo:

25.1 "Cottleston, Cottleston, Cottleston Pie."
"Cottleston, Cottleston, Cottleston Pie."

26.1 Eeyore still said nothing at all,
Eeyore seguía sin decir nada,

127

so Pooh hummed the third verse quietly to himself: 26.2
así que Pooh tarareó la tercera estrofa en voz baja para sí
mismo:

Cottleston, Cottleston, Cottleston Pie, 27.1
Cottleston, Cottleston, Cottleston Pie,

Why does a chicken, I don't know why. 28.1
Por qué un pollo, no sé por qué.

Ask me a riddle and I reply: 29.1
Pregúntame una adivinanza y te respondo:

"Cottleston, Cottleston, Cottleston Pie." 30.1
"Cottleston, Cottleston, Cottleston Pie."

"That's right," said Eeyore. "Sing. Umty-tiddly, 32.1
"Así es," dijo Eeyore. "Canta. Umty-tiddly,

umty-too. Here we go gathering Nuts and May. Enjoy 32.2
yourself."
umty-too. Aquí vamos a reunir a Nuts y May. Diviértanse."

33.1 **"I am," said Pooh.**
"Yo sí," dijo Pooh.

34.1 **"Some can," said Eeyore.**
"Algunos pueden," dijo Eeyore.

35.1 **"Why, what's the matter?"**
"¿Por qué, qué pasa?"

36.1 **"Is anything the matter?"**
"¿Pasa algo?"

37.1 **"You seem so sad, Eeyore."**
"Pareces tan triste, Eeyore."

38.1 **"Sad? Why should I be sad? It's my birthday.**
"¿Triste? ¿Por qué debería estar triste? Es mi cumpleaños.

38.2 **The happiest day of the year."**
El día más feliz del año."

39.1 **"Your birthday?" said Pooh in great surprise.**
"¿Tu cumpleaños?" dijo Pooh muy sorprendido.

40.1 **"Of course it is. Can't you see?**
"Por supuesto que lo es. ¿No lo ves?

40.2 **Look at all the presents I have had."**
Mira todos los regalos que me han hecho."

40.3 **He waved a foot from side to side.**
Agitó un pie de un lado a otro.

"Look at the birthday cake. Candles and pink sugar." 40.4
"Mira la tarta de cumpleaños. Velas y azúcar rosa."

Pooh looked — first to the right and then to the left. 41.1
Pooh miró primero a la derecha y luego a la izquierda.

"Presents?" said Pooh. "Birthday cake?" said Pooh. 42.1
"¿Regalos?" dijo Pooh. "¿Pastel de cumpleaños?" dijo Pooh.

"Where?" 42.2
"¿Dónde?"

"Can't you see them?" 43.1
"¿No los ves?"

"No," said Pooh. 44.1
"No," dijo Pooh.

"Neither can I," said Eeyore. "Joke," he explained. 45.1
"Yo tampoco," dijo Eeyore. "Broma," explicó.

"Ha ha!" 45.2
"¡Ja, ja!"

Pooh scratched his head, 46.1
Pooh se rascó la cabeza,

being a little puzzled by all this. 46.2
un poco desconcertado por todo aquello.

"But is it really your birthday?" he asked. 47.1
"¿Pero es realmente tu cumpleaños?" preguntó.

48.1 **"It is."**
"Lo es."

49.1 **"Oh! Well, Many happy returns of the day, Eeyore."**
"¡Oh! Bueno, muchas felicidades del día, Eeyore."

50.1 **"And many happy returns to you, Pooh Bear."**
"Y muchas felicidades para ti, Oso Pooh."

51.1 **"But it isn't my birthday."**
"Pero no es mi cumpleaños."

52.1 **"No, it's mine."**
"No, es mío."

53.1 **"But you said 'Many happy returns' —— "**
"Pero usted dijo 'Muchas felicidades' —— "

54.1 **"Well, why not?**
"Bueno, ¿por qué no?

54.2 **You don't always want to be miserable on my
birthday, do you?"**
No siempre quieres ser miserable en mi cumpleaños,
¿verdad?"

55.1 **"Oh, I see," said Pooh.**
"Oh, ya veo," dijo Pooh.

56.1 **"It's bad enough," said Eeyore, almost breaking
down,**
"Ya es bastante malo," dijo Eeyore, casi derrumbándose,

"being miserable myself, what with no presents
and no cake and no candles, and no proper notice
taken of me at all, but if everybody else is going to be
miserable too —— "

56.2

"ser desgraciado yo mismo, sin regalos, sin tarta y sin
velas, y sin que me hagan caso en absoluto, pero si todos los
demás van a ser desgraciados también..."

This was too much for Pooh.

57.1

Esto era demasiado para Pooh.

"Stay there. " he called to Eeyore, as he turned and
hurried back home as quick as he could; for he felt
that he must get poor Eeyore a present of some sort
at once, and he could always think of a proper one
afterwards.

57.2

"Quédate ahí," le dijo a Eeyore, mientras se daba la vuelta
y regresaba a casa lo más deprisa que podía, pues pensaba
que debía hacerle algún regalo al pobre Eeyore de una vez, y
que siempre se le ocurriría uno apropiado después. " .

Outside his house he found Piglet,

59.1

Fuera de su casa encontró a Piglet,

59.2 jumping up and down trying to reach the knocker.

saltando y tratando de alcanzar la aldaba.

60.1 "Hallo, Piglet," he said.

"Hola, Piglet," dijo.

61.1 "Hallo, Pooh," said Piglet.

"Hola, Pooh," dijo Piglet.

62.1 "What are you trying to do?"

"¿Qué intentas hacer?"

63.1 "I was trying to reach the knocker," said Piglet.

"Intentaba alcanzar la aldaba," dijo Piglet.

63.2 "I just came round —— "

"Acabo de dar la vuelta ..."

64.1 "Let me do it for you," said Pooh kindly.

"Déjame hacerlo por ti," dijo Pooh amablemente.

64.2 So he reached up and knocked at the door.

Así que se acercó y llamó a la puerta.

64.3 "I have just seen Eeyore," he began,

"Acabo de ver a Eeyore," empezó,

133

"and poor Eeyore is in a Very Sad Condition, because   64.4
it's his birthday, and nobody has taken any notice of
it, and he's very Gloomy — you know what Eeyore
is — and there he was, and —— What a long time
whoever lives here is answering this door."

"y el pobre Eeyore está muy triste, porque es su
cumpleaños, y nadie le ha hecho caso, y está muy
melancólico - ya sabes cómo es Eeyore-, y allí estaba, y
...¡cuánto tarda en abrir esta puerta quienquiera que viva
aquí."

And he knocked again.   64.5

Y volvió a llamar.

"But Pooh," said Piglet, "it's your own house!"   65.1

"Pero Pooh," dijo Piglet, "¡es tu propia casa!"

"Oh!" said Pooh. "So it is," he said. "Well,   66.1

"¡Oh!" dijo Pooh. "Así es," dijo. "Bueno,

let's go in."   66.2

entremos."

So in they went.   67.1

Así que entraron.

The first thing Pooh did was to go to the cupboard to   67.2
see if he had quite a small jar of honey left;

Lo primero que hizo Pooh fue ir al armario a ver si le
quedaba un tarro pequeño de miel;

and he had, so he took it down.   67.3

y como le quedaba, lo bajó.

69.1   "I'm giving this to Eeyore," he explained, "as a
present.

"Le voy a dar esto a Eeyore," explicó, "como regalo.

69.2   What are you going to give?"

¿Qué le vas a regalar tú?"

70.1   "Couldn't I give it too?" said Piglet.

"¿No podría darlo yo también?" dijo Piglet.

70.2   "From both of us?"

"¿De parte de los dos?"

71.1   "No," said Pooh. "That would not be a good plan."

"No," dijo Pooh. "Ese no sería un buen plan."

72.1   "All right, then, I'll give him a balloon.

"Muy bien, entonces, le daré un globo.

72.2   I've got one left from my party. I'll go and get it now,

Me queda uno de mi fiesta. Iré a buscarlo ahora,

72.3   shall I?"

¿de acuerdo?"

"That, Piglet, is a very good idea. 73.1

"Eso, Piglet, es una muy buena idea.

It is just what Eeyore wants to cheer him up. 73.2

Es justo lo que Eeyore quiere para animarse.

Nobody can be uncheered with a balloon." 73.3

Nadie puede desanimarse con un globo."

So off Piglet trotted; and in the other direction went 74.1
Pooh, with his jar of honey.

Así que Piglet se fue trotando, y en la otra dirección iba
Pooh, con su tarro de miel.

It was a warm day, and he had a long way to go. 76.1

Era un día caluroso y tenía un largo camino por delante.

He hadn't gone more than half-way when a sort of 76.2
funny feeling began to creep all over him.

No había recorrido más de la mitad cuando una especie de
sensación extraña empezó a invadirle.

It began at the tip of his nose and trickled all through 76.3
him and out at the soles of his feet.

Empezó en la punta de la nariz y le recorrió todo el cuerpo
hasta llegar a la planta de los pies.

136

76.4 It was just as if somebody inside him were saying,
Era como si alguien dentro de él dijera,

76.5 "Now then, Pooh, time for a little something."
"Bueno, Pooh, es hora de hacer algo."

77.1 "Dear, dear," said Pooh,
"Querido, querido," dijo Pooh,

77.2 "I didn't know it was as late as that."
"no sabía que era tan tarde."

77.3 So he sat down and took the top off his jar of honey.
Entonces se sentó y le quitó la tapa a su tarro de miel.

77.4 "Lucky I brought this with me," he thought.
"Suerte que traje esto conmigo," pensó.

77.5 "Many a bear going out on a warm day like this would
never have thought of bringing a little something
with him."
"A muchos osos que salen en un día caluroso como éste no
se les habría ocurrido traerse algo."

77.6 And he began to eat.
Y empezó a comer.

"Now let me see,"   79.1

"A ver,"

he thought, as he took his last lick of the inside of the   79.2
jar,

pensó, mientras daba el último lametón al interior del
tarro,

"where was I going? Ah, yes, Eeyore." He got up   79.3
slowly.

"¿a dónde iba? Ah, sí, Eeyore." Se levantó lentamente.

And then, suddenly, he remembered.   80.1

Y entonces, de repente, se acordó.

He had eaten Eeyore's birthday present!   80.2

¡Se había comido el regalo de cumpleaños de Eeyore!

"Bother!" said Pooh. "What shall I do?   81.1

"¡Caramba!" dijo Pooh. "¿Qué hago?

I must give him something."   81.2

Tengo que darle algo."

83.1 For a little while he couldn't think of anything.

Durante un rato no se le ocurrió nada.

83.2 Then he thought:

Luego pensó,

83.3 "Well, it's a very nice pot, even if there's no honey in it, and if I washed it clean, and got somebody to write

"Bueno, es una vasija muy bonita, aunque no tenga miel, y si la lavara y consiguiera que alguien escribiera

83.4 'A Happy Birthday'

"Un feliz cumpleaños"

83.5 on it, Eeyore could keep things in it, which might be Useful."

en ella, Eeyore podría guardar cosas en ella, que podrían ser útiles."

83.6 So, as he was just passing the Hundred Acre Wood, he went inside to call on Owl, who lived there.

Así que, cuando pasaba por el Bosque de los Cien Acres, entró a visitar al Búho, que vivía allí.

84.1 "Good morning, Owl," he said.

"Buenos días, Búho," dijo.

85.1 "Good morning, Pooh," said Owl.

"Buenos días, Pooh," dijo Búho.

86.1 "Many happy returns of Eeyore's birthday," said Pooh.

"Muchas felicidades por el cumpleaños de Eeyore," dijo Pooh.

"Oh, is that what it is?"   87.1

"Oh, ¿es eso?"

"What are you giving him, Owl?"   88.1

"¿Qué le estás dando, Búho?"

"What are you giving him, Pooh?"   89.1

"¿Qué le estás dando, Pooh?"

"I'm giving him a Useful Pot to Keep Things In,   90.1

"Le estoy dando una olla útil para guardar cosas,

and I wanted to ask you ── "   90.2

y quería preguntarte ..."

"Is this it?" said Owl, taking it out of Pooh's paw.   91.1

"¿Es esto?" dijo Búho, sacándolo de la pata de Pooh.

"Yes, and I wanted to ask you ── "   92.1

"Sí, y quería preguntarte ..."

"Somebody has been keeping honey in it," said Owl.   93.1

"Alguien ha estado guardando miel en ella," dijo el Búho.

"You can keep anything in it," said Pooh earnestly.   94.1

"Puedes guardar cualquier cosa en él," dijo Pooh con
seriedad.

"It's Very Useful like that. And I wanted to ask   94.2
you ── "

"Es muy útil así. Y quería preguntarte ..."

95.1 "You ought to write 'A Happy Birthday' on it."
"Deberías escribir 'Feliz Cumpleaños' en él."

96.1 "That was what I wanted to ask you," said Pooh.
"Eso era lo que quería preguntarte," dijo Pooh.

96.2 "Because my spelling is Wobbly.
"Porque mi ortografía es Wobbly.

96.3 It's good spelling but it Wobbles,
Es una buena ortografía,

96.4 and the letters get in the wrong places.
pero se tambalea y las letras se colocan en los lugares equivocados.

96.5 Would you write 'A Happy Birthday' on it for me?"
¿Podrías escribirme 'Feliz Cumpleaños'?"

97.1 "It's a nice pot," said Owl,
"Es una bonita maceta," dijo el Búho,

97.2 looking at it all round.
mirándola de arriba abajo.

97.3 "Couldn't I give it too? From both of us?"
"¿No podría regalarla yo también? ¿De parte de los dos?"

98.1 "No," said Pooh. "That would not be a good plan.
"No," dijo Pooh. "Ese no sería un buen plan.

98.2 Now I'll just wash it first, and then you can write on it."
Ahora lo lavaré primero y luego podrás escribir en él."

Well, he washed the pot out, and dried it, while Owl
licked the end of his pencil, and wondered how to
spell

99.1

Bueno, lavó la olla, y la secó, mientras el Búho lamía la
punta de su lápiz, y se preguntaba cómo deletrear

"birthday."

99.2

"cumpleaños."

"Can you read, Pooh?" he asked a little anxiously.

100.1

"¿Sabes leer, Pooh?" preguntó un poco ansioso.

"There's a notice about knocking and ringing outside
my door,

100.2

"Hay un aviso sobre llamar y tocar a la puerta de mi casa,

which Christopher Robin wrote. Could you read it?"

100.3

que escribió Christopher Robin. ¿Podrías leerlo?"

"Christopher Robin told me what it said, and then I
could."

101.1

"Christopher Robin me dijo lo que decía, y entonces pude."

"Well, I'll tell you what this says, and then you'll be
able to."

102.1

"Bueno, te diré lo que dice esto, y entonces podrás hacerlo."

So Owl wrote ...and this is what he wrote:

103.1

Así que el Búho escribió ...y esto es lo que escribió:

105.1 HIPY PAPY BTHUTHDTH THUTHDA BTHUTHDY.
HIPY PAPY BTHUTHDTH THUTHDA BTHUTHDY.

106.1 Pooh looked on admiringly.
Pooh miraba con admiración.

107.1 "I'm just saying 'A Happy Birthday',"
"Sólo estoy diciendo 'Feliz Cumpleaños',"

107.2 said Owl carelessly.
dijo el Búho despreocupadamente.

108.1 "It's a nice long one," said Pooh, very much
impressed by it.
"Es muy larga," dijo Pooh, muy impresionado por ella.

109.1 "Well, actually, of course, I'm saying
"Bueno, en realidad, por supuesto, estoy diciendo

109.2 'A Very Happy Birthday with love from Pooh.'
'Un muy feliz cumpleaños con amor de Pooh.'

Naturally it takes a good deal of pencil to say a long
thing like that."

109.3

Naturalmente se necesita mucho lápiz para decir algo tan
largo."

"Oh, I see," said Pooh.

110.1

"Oh, ya veo," dijo Pooh.

While all this was happening,

111.1

Mientras todo esto ocurría,

Piglet had gone back to his own house to get Eeyore's
balloon.

111.2

Piglet había vuelto a su casa para coger el globo de Eeyore.

He held it very tightly against himself, so that it
shouldn't blow away, and he ran as fast as he could
so as to get to Eeyore before Pooh did; for he thought
that he would like to be the first one to give a present,
just as if he had thought of it without being told by
anybody.

111.3

Lo sujetó muy fuerte contra sí, para que no se le volara, y
corrió lo más deprisa que pudo para llegar hasta Eeyore
antes que Pooh, pues pensó que le gustaría ser el primero en
hacer un regalo, como si se le hubiera ocurrido a él sin que
nadie se lo dijera.

And running along, and thinking how pleased Eeyore
would be, he didn't look where he was going ...and
suddenly he put his foot in a rabbit hole, and fell
down flat on his face.

111.4

Y corriendo, y pensando en lo contento que estaría Eeyore,
no miró por dónde iba ...y de repente metió el pie en una
madriguera de conejo, y se cayó de bruces.

113.1 **BANG!?!?!?**
¿¡BANG!?

114.1 **Piglet lay there, wondering what had happened.**
Piglet se quedó tumbado, preguntándose qué había pasado.

114.2 **At first he thought that the whole world had blown up;**
Al principio pensó que el mundo entero había volado por los aires;

114.3 **and then he thought that perhaps only the Forest part of it had;**
luego pensó que tal vez sólo lo había hecho la parte del Bosque;

114.4 **and then he thought that perhaps only he had, and he was now alone in the moon or somewhere, and would never see Christopher Robin or Pooh or Eeyore again.**
y luego pensó que tal vez sólo lo había hecho él, y que ahora estaba solo en la Luna o en alguna otra parte, y que nunca volvería a ver a Christopher Robin ni a Pooh ni a Eeyore.

114.5 **And then he thought,**
Y luego pensó,

"Well, even if I'm in the moon, I needn't be face
downwards all the time,"

114.6

"Bueno, aunque esté en la Luna, no tengo por qué estar todo
el tiempo boca abajo,"

so he got cautiously up and looked about him.

114.7

así que se levantó cautelosamente y miró a su alrededor.

He was still in the Forest!

115.1

¡Todavía estaba en el bosque!

"Well, that's funny," he thought.

116.1

"Qué curioso," pensó.

"I wonder what that bang was.

116.2

"Me pregunto qué habrá sido ese golpe.

I couldn't have made such a noise just falling down.

116.3

No podría haber hecho tanto ruido sólo cayéndome.

And where's my balloon?

116.4

¿Y dónde está mi globo?

And what's that small piece of damp rag doing?"

116.5

¿Y qué hace ese trocito de trapo húmedo?"

It was the balloon!

117.1

¡Fue el globo!

"Oh, dear!" said Piglet

118.1

"¡Oh, querido!" dijo Piglet

"Oh, dear, oh, dearie, dearie, dear! Well,

118.2

"¡Oh, querido, oh, querido, querido, querido! Bueno,

118.3 it's too late now.

ya es demasiado tarde.

118.4 I can't go back, and I haven't another balloon, and perhaps Eeyore doesn't like balloons so very much."

No puedo volver, y no tengo otro globo, y a lo mejor a Eeyore no le gustan mucho los globos."

119.1 So he trotted on, rather sadly now, and down he came to the side of the stream where Eeyore was, and called out to him.

Así que siguió trotando, bastante triste ahora, y bajó hasta la orilla del arroyo donde estaba Eeyore, y lo llamó.

120.1 "Good morning, Eeyore," shouted Piglet.

"Buenos días, Eeyore," gritó Piglet.

121.1 "Good morning, Little Piglet," said Eeyore.

"Buenos días, cerdito," dijo Eeyore.

121.2 "If it is a good morning," he said. "Which I doubt,"

"Si es que es un buen día," dijo él. "Lo cual dudo,"

121.3 said he. "Not that it matters," he said.

dijo él. "No es que importe," dijo.

122.1 "Many happy returns of the day," said Piglet,

"Muchas felicidades por el día," dijo Piglet,

122.2 having now got closer.

ya más cerca.

Eeyore stopped looking at himself in the stream, and
turned to stare at Piglet.

123.1

Eeyore dejó de mirarse en el arroyo y se volvió para mirar a
Piglet.

"Just say that again," he said.

124.1

"Repítelo," dijo.

"Many hap —— "

125.1

"Muchos hap ..."

"Wait a moment."

126.1

"Espera un momento."

Balancing on three legs,

127.1

Haciendo equilibrios sobre tres piernas,

he began to bring his fourth leg very cautiously up to
his ear.

127.2

empezó a llevar la cuarta con mucha cautela hasta la oreja.

"I did this yesterday," he explained,

127.3

"Lo hice ayer," explicó,

as he fell down for the third time. "It's quite easy.

127.4

mientras se caía por tercera vez. "Es bastante fácil.

It's so as I can hear better ...There, that's done it.

127.5

Es así como puedo oír mejor ...Ya está.

Now then, what were you saying?"

127.6

Y ahora, ¿qué decías?"

127.7 **He pushed his ear forward with his hoof.**
Empujó la oreja hacia delante con la pezuña.

129.1 **"Many happy returns of the day," said Piglet again.**
"Muchas felicidades del día," volvió a decir Piglet.

130.1 **"Meaning me?"**
"¿Te refieres a mí?"

131.1 **"Of course, Eeyore."**
"Por supuesto, Eeyore."

132.1 **"My birthday?"**
"¿Mi cumpleaños?"

133.1 **"Yes."**
"Sí."

134.1 **"Me having a real birthday?"**
"¿Yo teniendo un cumpleaños de verdad?"

"Yes, Eeyore, and I've brought you a present."   135.1

"Sí, Eeyore, y te he traído un regalo."

Eeyore took down his right hoof from his right ear,   136.1
turned round, and with great difficulty put up his left
hoof.

Eeyore bajó la pezuña derecha de la oreja derecha, se dio la
vuelta y, con gran dificultad, levantó la pezuña izquierda.

"I must have that in the other ear," he said. "Now   137.1
then."

"Debo tener eso en la otra oreja," dijo. "Ahora entonces."

"A present," said Piglet very loudly.   138.1

"Un regalo," dijo Piglet muy alto.

"Meaning me again?"   139.1

"¿Te refieres a mí otra vez?"

"Yes."   140.1

"Sí."

"My birthday still?"   141.1

"¿Mi cumpleaños todavía?"

"Of course, Eeyore."   142.1

"Por supuesto, Eeyore."

"Me going on having a real birthday?"   143.1

"¿Voy a tener un cumpleaños de verdad?"

144.1 "Yes, Eeyore, and I brought you a balloon."

"Sí, Eeyore, y te he traído un globo."

146.1 "Balloon?" said Eeyore.

"¿Globo?" dijo Eeyore.

146.2 "You did say balloon? One of those big coloured
things you blow up? Gaiety, song-and-dance, here we
are and there we are?"

"¿Has dicho globo? ¿Uno de esos globos de colores que
se inflan? Alegría, canciones y bailes, aquí estamos y allí
estamos ..."

147.1 "Yes, but I'm afraid - I'm very sorry, Eeyore -

"Sí, pero me temo - lo siento mucho, Eeyore -

147.2 but when I was running along to bring it you, I fell
down."

que cuando iba corriendo a traértelo, me caí."

148.1 "Dear, dear, how unlucky! You ran too fast,

"¡Querido, querido, qué mala suerte! Corriste demasiado
rápido,

I expect. You didn't hurt yourself, Little Piglet?" 148.2

supongo. ¿No te habrás hecho daño, cerdito?"

"No, but I — I — oh, Eeyore, I burst the balloon!" 149.1

"No, pero yo — yo — oh, Eeyore, ¡he reventado el globo!"

There was a very long silence. 150.1

Se hizo un silencio muy largo.

"My balloon?" said Eeyore at last. 151.1

"¿Mi globo?" dijo por fin Eeyore.

Piglet nodded. 152.1

Piglet asintió.

"My birthday balloon?" 153.1

"¿Mi globo de cumpleaños?"

"Yes, Eeyore," said Piglet sniffing a little. "Here it is. 154.1

"Sí, Eeyore," dijo Piglet olfateando un poco. "Aquí está.

With — with many happy returns of the day." 154.2

Con — con muchas felicidades del día."

And he gave Eeyore the small piece of damp rag. 154.3

Y le dio a Eeyore el pequeño trozo de trapo húmedo.

"Is this it?" said Eeyore, a little surprised. 155.1

"¿Es aquí?" dijo Eeyore, un poco sorprendido.

Piglet nodded. 156.1

Piglet asintió.

157.1 **"My present?"**
"¿Mi regalo?"

158.1 **Piglet nodded again.**
Piglet volvió a asentir.

159.1 **"The balloon?"**
"¿El globo?"

160.1 **"Yes."**
"Sí."

161.1 **"Thank you, Piglet," said Eeyore.**
"Gracias, Piglet," dijo Eeyore.

161.2 **"You don't mind my asking," he went on,**
"No te importa que te lo pregunte," continuó,

161.3 **"but what colour was this balloon when it — when it was a balloon?"**
"pero ¿de qué color era este globo cuando — cuando era un globo?"

162.1 **"Red."**
"Rojo."

163.1 **"I just wondered ...Red," he murmured to himself.**
"Acabo de preguntarme ...Rojo," murmuró para sí.

163.2 **"My favourite colour ...How big was it?"**
"Mi color favorito ...¿De qué tamaño era?"

"About as big as me." 164.1

"Casi tan grande como yo."

"I just wondered ...About as big as Piglet," 165.1

"Sólo me preguntaba ...Tan grande como Piglet,"

he said to himself sadly. "My favourite size. Well, 165.2
well."

se dijo tristemente. "Mi tamaño favorito. Vaya, vaya."

Piglet felt very miserable, and didn't know what to 166.1
say.

Piglet se sentía muy desgraciado y no sabía qué decir.

He was still opening his mouth to begin something, 166.2
and then deciding that it wasn't any good saying that,
when he heard a shout from the other side of the
river, and there was Pooh.

Todavía estaba abriendo la boca para empezar algo, y luego
decidiendo que no servía de nada decirlo, cuando oyó un
grito procedente del otro lado del río, y allí estaba Pooh.

"Many happy returns of the day," called out Pooh, 167.1

"Muchas felicidades," gritó Pooh,

forgetting that he had said it already. 167.2

olvidando que ya lo había dicho.

"Thank you, Pooh, I'm having them," said Eeyore 168.1
gloomily.

"Gracias, Pooh, me los voy a quedar," dijo Eeyore
sombríamente.

169.1 "I've brought you a little present," said Pooh
excitedly.

"Te he traído un regalito," dijo Pooh entusiasmado.

170.1 "I've had it," said Eeyore.

"Estoy harto," dijo Eeyore.

171.1 Pooh had now splashed across the stream to Eeyore,
and Piglet was sitting a little way off, his head in his
paws, snuffling to himself.

Pooh había cruzado el arroyo chapoteando hasta Eeyore, y
Piglet estaba sentado un poco lejos, con la cabeza entre las
patas, resoplando para sí.

172.1 "It's a Useful Pot," said Pooh. "Here it is.

"Es una Olla Útil," dijo Pooh. "Aquí está.

172.2 And it's got 'A Very Happy Birthday with love from
Pooh' written on it.'

Y tiene escrito 'Un Muy Feliz Cumpleaños con amor de
Pooh.'

172.3 That's what all that writing is.

Eso es todo lo que está escrito.

172.4 And it's for putting things in. There."

Y es para poner cosas dentro. Ya está."

173.1 When Eeyore saw the pot, he became quite excited.

Cuando Eeyore vio la olla, se emocionó mucho.

174.1 "Why!" he said.

"¿Por qué?" dijo.

"I believe my Balloon will just go into that Pot!"

174.2

"¡Creo que mi globo va a entrar en esa olla!"

"Oh, no, Eeyore," said Pooh.

175.1

"Oh, no, Eeyore," dijo Pooh.

"Balloons are much too big to go into Pots.

175.2

"Los globos son demasiado grandes para ir en macetas.

What you do with a balloon is, you hold the
ballon —— "

175.3

Lo que se hace con un globo es sostenerlo ..."

"Not mine," said Eeyore proudly. "Look, Piglet!"

176.1

"No es mío," dijo Eeyore con orgullo. "¡Mira, Piglet!"

And as Piglet looked sorrowfully round, Eeyore
picked the balloon up with his teeth, and placed it
carefully in the pot;

176.2

Y mientras Piglet miraba apenado a su alrededor, Eeyore
cogió el globo con los dientes y lo metió con cuidado en la
maceta;

picked it out and put it on the ground;

176.3

lo sacó y lo puso en el suelo;

and then picked it up again and put it carefully back.

176.4

y luego volvió a cogerlo y a ponerlo con cuidado en su sitio.

"So it does!" said Pooh. "It goes in!"

177.1

"¡Así es!" dijo Pooh. " ¡Entra!"

"So it does!" said Piglet. "And it comes out!"

178.1

"¡Así es!" dijo Piglet. "¡Y sale!"

179.1 **"Doesn't it?" said Eeyore.**
"¿A que sí?" dijo Eeyore.

179.2 **"It goes in and out like anything."**
"Entra y sale como cualquier cosa."

180.1 **"I'm very glad," said Pooh happily,**
"Me alegro mucho," dijo Pooh alegremente,

180.2 **"that I thought of giving you a Useful Pot to put things in."**
"de que se me ocurriera darte una Olla Útil para meter cosas."

181.1 **"I'm very glad," said Piglet happily,**
"Me alegro mucho," dijo Piglet alegremente,

181.2 **"that I thought of giving you Something to put in a Useful Pot."**
"de que se me ocurriera darte Algo para poner en una Olla Útil."

182.1 **But Eeyore wasn't listening.**
Pero Eeyore no escuchaba.

182.2 **He was taking the balloon out, and putting it back again, as happy as could be ...**
Sacaba y volvía a poner el globo, tan feliz como podía serlo ...

"And didn't I give him anything?"   184.1
"¿Y yo no le he dado nada?"

asked Christopher Robin sadly.   184.2
preguntó Christopher Robin con tristeza.

"Of course you did," I said.   185.1
"Por supuesto que lo hiciste," dije.

"You gave him — don't you remember — a little — a   185.2
little —— "
"Le diste-no recuerdas-un poco-un poco ..."

"I gave him a box of paints to paint things with."   186.1
"Le di una caja de pinturas para que pintara cosas."

"That was it."   187.1
"Eso fue todo."

"Why didn't I give it to him in the morning?"   188.1
"¿Por qué no se lo di por la mañana?"

"You were so busy getting his party ready for him.   189.1
"Estabas tan ocupada preparándole la fiesta.

189.2 He had a cake with icing on the top, and three candles, and his name in pink sugar, and —— "

Tenía un pastel con glaseado en la parte superior, y tres velas, y su nombre en azúcar rosa, y ..."

190.1 "Yes, I remember," said Christopher Robin.

"Sí, lo recuerdo," dijo Christopher Robin.

CHAPTER VII · IN WHICH KANGA AND BABY ROO COME TO THE FOREST, AND PIGLET HAS A BATH

CAPÍTULO VII · EN EL QUE KANGA Y EL BEBÉ ROO LLEGAN AL BOSQUE, Y EL CERDITO SE BAÑA

1.1 **Nobody seemed to know where they came from, but there they were in the Forest:**
Nadie parecía saber de dónde venían, pero allí estaban, en el bosque:

1.2 **Kanga and Baby Roo. When Pooh asked Christopher Robin,**
Kanga y Baby Roo. Cuando Pooh le preguntó a Christopher Robin,

1.3 **"How did they come here?" Christopher Robin said,**
"¿Cómo llegaron aquí?" Christopher Robin dijo,

1.4 **"In the Usual Way, if you know what I mean, Pooh,"**
"De la manera habitual, si sabes a qué me refiero, Pooh,"

and Pooh, who didn't, said "Oh!" 1.5

y Pooh, que no lo sabía, dijo, " ¡Oh!"

Then he nodded his head twice and said, 1.6

Luego asintió con la cabeza dos veces y dijo,

"In the Usual Way. Ah!" 1.7

"De la manera habitual. Ah!"

Then he went to call upon his friend Piglet to see what 1.8
he thought about it.

Entonces fue a llamar a su amigo Piglet para ver qué
opinaba al respecto.

And at Piglet's house he found Rabbit. 1.9

Y en casa de Piglet encontró a Conejo.

So they all talked about it together. 1.10

Y todos juntos hablaron de ello.

3.1 "What I don't like about it is this," said Rabbit.

"Lo que no me gusta es esto," dijo Conejo.

3.2 "Here are we — you, Pooh, and you, Piglet, and Me —
and suddenly —— "

"Aquí estamos nosotros - tú, Pooh, y tú, Piglet, y yo - y de
repente ..."

4.1 "And Eeyore," said Pooh.

"Y Eeyore," dijo Pooh.

5.1 "And Eeyore — and then suddenly —— "

"Y Eeyore ...y de repente ..."

6.1 "And Owl," said Pooh.

"Y Búho," dijo Pooh.

7.1 "And Owl — and then all of a sudden —— "

"Y Owl ...y de repente ..."

8.1 "Oh, and Eeyore," said Pooh. "I was forgetting him."

"Ah, y Eeyore," dijo Pooh. "Me estaba olvidando de él."

9.1 "Here — we — are," said Rabbit very slowly and
carefully,

"Aquí-estamos," dijo Conejo muy despacio y con cuidado,

9.2 "all — of — us, and then, suddenly, we wake up one
morning and, what do we find?

"todos-nosotros, y entonces, de repente, nos despertamos
una mañana y, ¿qué encontramos?

9.3 We find a Strange Animal among us.

Encontramos un Animal Extraño entre nosotros.

An animal of whom we have never even heard before! _{9.4}
Un animal del que nunca habíamos oído hablar!

An animal who carries her family about with her in _{9.5}
her pocket!
Un animal que lleva a su familia en el bolsillo!

Suppose I carried my family about with me in my _{9.6}
pocket,
Supongamos que yo llevara a mi familia en el bolsillo,

how many pockets should I want?" _{9.7}
¿cuántos bolsillos querría tener?"

"Sixteen," said Piglet. _{10.1}
"Dieciséis," dijo Piglet.

"Seventeen, isn't it?" said Rabbit. _{11.1}
"Diecisiete, ¿no?" dijo Rabbit.

"And one more for a handkerchief — that's eighteen. _{11.2}
"Y uno más para el pañuelo; son dieciocho.

Eighteen pockets in one suit! I haven't time." _{11.3}
¡Dieciocho bolsillos en un traje! No tengo tiempo."

There was a long and thoughtful silence ...and then _{12.1}
Pooh, who had been frowning very hard for some
minutes, said,
Hubo un largo y pensativo silencio ...y entonces Pooh, que
había estado frunciendo mucho el ceño durante algunos
minutos, dijo,

"I make it fifteen." _{12.2}
"Que sean quince."

13.1 **"What?" said Rabbit.**
"¿Qué?" dijo Rabbit.

14.1 **"Fifteen."**
"Quince."

15.1 **"Fifteen what?"**
"¿Quince qué?"

16.1 **"Your family."**
"Tu familia."

17.1 **"What about them?"**
"¿Qué pasa con ellos?"

18.1 **Pooh rubbed his nose and said that he thought Rabbit
had been talking about his family.**
Pooh se frotó la nariz y dijo que creía que Conejo había
estado hablando de su familia.

19.1 **"Did I?" said Rabbit carelessly.**
"¿Ah, sí?" dijo Rabbit despreocupadamente.

20.1 **"Yes, you said —— "**
"Sí, usted dijo ..."

21.1 **"Never mind, Pooh," said Piglet impatiently.**
"No importa, Pooh," dijo Piglet con impaciencia.

22.1 **"The question is, What are we to do about Kanga?"**
"La pregunta es: ¿Qué vamos a hacer con Kanga?"

"Oh, I see," said Pooh. 23.1

"Oh, ya veo," dijo Pooh.

"The best way," said Rabbit, "would be this. 24.1

"La mejor manera," dijo Conejo, "sería ésta.

The best way would be to steal Baby Roo and hide 24.2
him, and then when Kanga says,

La mejor manera sería robar a Baby Roo y esconderlo, y
luego, cuando Kanga diga,

'Where's Baby Roo?' we say, 'Aha! "' 24.3

"¿Dónde está Baby Roo?" nosotros diremos, " ¡Ajá!"

"Aha!" said Pooh, practising. "Aha! Aha! ... 25.1

"¡Ajá!" dijo Pooh, practicando. "¡Ajá! ¡Ajá! ...

Of course," he went on, "we could say 'Aha!' 25.2

Por supuesto," continuó, "podríamos decir " ¡Ajá!"

even if we hadn't stolen Baby Roo." 25.3

aunque no hubiéramos robado a Baby Roo. "

"Pooh," said Rabbit kindly, "you haven't any brain." 26.1

"Pooh," dijo Conejo amablemente, "no tienes cerebro."

"I know," said Pooh humbly. 27.1

"Lo sé," dijo Pooh humildemente.

"We say 'Aha!' 28.1

Decimos " ¡Ajá!"

28.2 **so that Kanga knows that we know where Baby Roo is.
'Aha!'**

para que Kanga sepa que sabemos dónde está Baby Roo.
Aha!'

28.3 **means 'We'll tell you where Baby Roo is,**

significa 'Te diremos dónde está Baby Roo,

28.4 **if you promise to go away from the Forest and never
come back.'**

si prometes irte del Bosque y no volver nunca.'

28.5 **Now don't talk while I think."**

Ahora no hables mientras pienso."

29.1 **Pooh went into a corner and tried saying 'Aha!'**

Pooh se fue a un rincón y probó a decir " ¡Ajá!"

29.2 **in that sort of voice.**

con ese tipo de voz.

29.3 **Sometimes it seemed to him that it did mean what
Rabbit said,**

A veces le parecía que sí significaba lo que decía Conejo,

29.4 **and sometimes it seemed to him that it didn't.**

y a veces le parecía que no.

29.5 **"I suppose it's just practice," he thought.**

"Supongo que es sólo práctica," pensó.

29.6 **"I wonder if Kanga will have to practise too so as to
understand it."**

"Me pregunto si Kanga tendrá que practicar también para
entenderlo."

"There's just one thing," said Piglet, fidgeting a bit. 30.1
"Sólo hay una cosa," dijo Piglet, inquietándose un poco.

"I was talking to Christopher Robin, and he said that 30.2
a Kanga was Generally Regarded as One of the Fiercer
Animals.
"Estaba hablando con Christopher Robin y me dijo que un
Kanga era considerado uno de los animales más feroces.

I am not frightened of Fierce Animals in the ordinary 30.3
way, but it is well known that, if One of the Fiercer
Animals is Deprived of Its Young, it becomes as fierce
as Two of the Fiercer Animals.
A mí no me asustan los animales feroces, pero es bien
sabido que, si uno de los animales más feroces es privado
de su cría, se vuelve tan feroz como dos de los animales más
feroces.

In which case 'Aha!' is perhaps a foolish thing to say." 30.4
En cuyo caso "¡Ajá!" es tal vez una tontería."

"Piglet," 31.1
"Piglet,"

said Rabbit, taking out a pencil, and 31.2
licking the end of it,
dijo Rabbit, sacando un lápiz y lamiendo la punta,

"you haven't any pluck." 31.3
"no tienes valor."

"It is hard to be brave," said Piglet, sniffing slightly, 32.1
"Es difícil ser valiente," dijo Piglet, olfateando ligeramente,

"when you're only a Very Small Animal." 32.2
"cuando sólo eres un Animal Muy Pequeño."

34.1 Rabbit, who had begun to write very busily, looked
up and said:

Conejo, que se había puesto a escribir muy afanosamente,
levantó la vista y dijo:

35.1 "It is because you are a very small animal that you
will be Useful in the adventure before us."

"Es porque eres un animal muy pequeño que serás útil en la
aventura que tenemos ante nosotros."

36.1 Piglet was so excited at the idea of being Useful,
that he forgot to be frightened any more, and when
Rabbit went on to say that Kangas were only Fierce
during the winter months, being at other times of an
Affectionate Disposition, he could hardly sit still, he
was so eager to begin being useful at once.

Piglet estaba tan entusiasmado con la idea de ser útil, que
se olvidó de asustarse más, y cuando Conejo continuó
diciendo que los canguros sólo eran feroces durante
los meses de invierno, siendo en otras épocas de una
disposición afectuosa, apenas podía quedarse quieto,
estaba tan ansioso por comenzar a ser útil de inmediato.

37.1 "What about me?" said Pooh sadly.

"¿Y yo qué?" dijo Pooh con tristeza.

"I suppose I shan't be useful?"   37.2

"¿Supongo que no seré útil?"

"Never mind, Pooh," said Piglet comfortingly.   38.1

"No importa, Pooh," dijo Piglet consoladoramente.

"Another time perhaps."   38.2

"Quizá en otra ocasión."

"Without Pooh,"   39.1

"Sin Pooh,"

said Rabbit solemnly as he sharpened his pencil,   39.2

dijo solemnemente Conejo mientras sacaba punta a su
lápiz,

"the adventure would be impossible."   39.3

"la aventura sería imposible."

"Oh!" said Piglet, and tried not to look disappointed.   40.1

"¡Oh!" dijo Piglet, e intentó no parecer decepcionado.

But Pooh went into a corner of the room and said   40.2
proudly to himself,

Pero Pooh se fue a un rincón de la habitación y se dijo con
orgullo,

"Impossible without Me! That sort of Bear."   40.3

"¡Imposible sin mí! Esa clase de Oso."

"Now listen all of you,"   41.1

"Ahora escuchad todos,"

said Rabbit when he had finished writing,   41.2

dijo Conejo cuando terminó de escribir,

41.3 and Pooh and Piglet sat listening very eagerly with
their mouths open.

y Pooh y Piglet se sentaron a escuchar muy atentos con la
boca abierta.

41.4 This was what Rabbit read out:

Esto fue lo que leyó Conejo:

42.1 **PLAN TO CAPTURE BABY ROO**

PLAN PARA CAPTURAR AL BEBÉ ROO

42.1

1. 1.	**General Remarks. Kanga runs faster than any of Us, even Me.** Observaciones generales. Kanga corre más rápido que cualquiera de nosotros, incluso que yo.
2. 2.	**More General Remarks. Kanga never takes her eye off Baby Roo, except when he's safely buttoned up in her pocket.** Más observaciones generales. Kanga nunca le quita el ojo de encima a Baby Roo, excepto cuando está bien guardado en su bolsillo.

3.

Therefore. If we are to capture Baby Roo, we must get a Long Start, because Kanga runs faster than any of Us, even Me. (See 1.)

3.

Por lo tanto. Si vamos a capturar a Baby Roo, debemos tener un Largo Comienzo, porque Kanga corre más rápido que cualquiera de Nosotros, incluso Yo. (Ver 1.)

4.

A Thought. If Roo had jumped out of Kanga's pocket and Piglet had jumped in, Kanga wouldn't know the difference, because Piglet is a Very Small Animal.

4.

Un pensamiento. Si Roo hubiera saltado del bolsillo de Kanga y Piglet hubiera saltado dentro, Kanga no notaría la diferencia, porque Piglet es un Animal Muy Pequeño.

5.
5.

Like Roo.
Como Roo.

6.
6.

**But Kanga would have
to be looking the other
way first, so as not to
see Piglet jumping in.**
Pero Kanga tendría que
estar mirando hacia otro
lado primero, para no ver
a Piglet saltando.

7.
7.

See 2.
Ver 2.

8.
8.

**Another Thought. But
if Pooh was talking to
her very excitedly, she
might look the other
way for a moment.**
Otro pensamiento. Pero
si Pooh le hablaba muy
excitado, ella podría
mirar hacia otro lado por
un momento.

9.
9.

**And then I could run
away with Roo.**
Y entonces podría huir
con Roo.

10. 10.	**Quickly.** Rápido.
11. 11.	**And Kanga wouldn't discover the difference until Afterwards.** Y Kanga no descubriría la diferencia hasta después.

Well, Rabbit read this out proudly, and for a little while after he had read it nobody said anything. 55.1
Pues bien, Conejo leyó esto en voz alta y orgulloso, y durante un rato después de haberlo leído nadie dijo nada.

And then Piglet, who had been opening and shutting his mouth without making any noise, managed to say very huskily: 55.2
Y entonces Piglet, que había estado abriendo y cerrando la boca sin hacer ruido, consiguió decir muy roncamente:

"And — Afterwards?" 56.1
" ¿Y después?"

57.1 **"How do you mean?"**
"¿Qué quieres decir?"

58.1 **"When Kanga does Discover the Difference?"**
"¿Cuándo Kanga descubre la diferencia?"

59.1 **"Then we all say 'Aha! "'**
"Entonces todos decimos " ¡Ajá!"

60.1 **"All three of us?"**
"¿Los tres?"

61.1 **"Yes."**
"Sí."

62.1 **"Oh!"**
"¡Oh!"

63.1 **"Why, what's the trouble, Piglet?"**
"¿Por qué, cuál es el problema, Piglet?"

64.1 **"Nothing," said Piglet, "as long as we all three say it.**
"Nada," dijo Piglet, "mientras lo digamos los tres".

64.2 **As long as we all three say it," said Piglet, "I don't mind," he said, "but I shouldn't care to say 'Aha!'**
Mientras lo digamos los tres - dijo Piglet-, a mí no me importa - dijo-, pero no me gustaría decir " ¡Ajá!"

64.3 **by myself. It wouldn't sound nearly so well. By the way,"**
yo solo. No sonaría tan bien. Por cierto,"

he said,   64.4

dijo,

"you are quite sure about what you said about the   64.5
winter months?"

"¿estás muy seguro de lo que has dicho sobre los meses de
invierno?"

"The winter months?"   65.1

"¿Los meses de invierno?"

"Yes, only being Fierce in the Winter Months."   66.1

"Sí, sólo siendo Feroz en los Meses de Invierno."

"Oh, yes, yes, that's all right. Well, Pooh?   67.1

"Oh, sí, sí, eso está bien. ¿Y bien, Pooh?

You see what you have to do?"   67.2

¿Ves lo que tienes que hacer?"

"No," said Pooh Bear. "Not yet," he said.   68.1

"No," dijo el oso Pooh. "Todavía no," dijo.

"What do I do?"   68.2

"¿Qué hago?"

"Well,   69.1

"Bueno,

you just have to talk very hard to Kanga so as she   69.2
doesn't notice anything."

sólo tienes que hablarle muy fuerte a Kanga para que no se
dé cuenta de nada."

70.1 **"Oh! What about?"**

"¡Oh! ¿Sobre qué?"

71.1 **"Anything you like."**

"Lo que quieras."

72.1 **"You mean like telling her a little bit of poetry or something?"**

"¿Quieres decir como decirle un poco de poesía o algo así?"

73.1 **"That's it," said Rabbit. "Splendid. Now come along."**

"Eso es," dijo Rabbit. "Espléndido. Ahora vamos."

74.1 **So they all went out to look for Kanga.**

Así que todos salieron a buscar a Kanga.

75.1 **Kanga and Roo were spending a quiet afternoon in a sandy part of the Forest.**

Kanga y Roo estaban pasando una tarde tranquila en una zona arenosa del bosque.

75.2 **Baby Roo was practising very small jumps in the sand, and falling down mouse-holes and climbing out of them, and Kanga was fidgeting about and saying**

El pequeño Roo practicaba pequeños saltos en la arena, se caía por los agujeros de los ratones y salía de ellos, y Kanga se inquietaba y decía,

75.3 **"Just one more jump, dear, and then we must go home."**

"Sólo un salto más, cariño, y luego nos iremos a casa."

And at that moment who should come stumping up the hill but Pooh.   75.4

Y en ese momento llegó Pooh dando tumbos por la colina.

"Good afternoon, Kanga."   77.1

"Buenas tardes, Kanga."

"Good afternoon, Pooh."   78.1

"Buenas tardes, Pooh."

"Look at me jumping," squeaked Roo,   79.1

"Mírame saltar," chilló Roo,

and fell into another mouse-hole.   79.2

y cayó en otra ratonera.

"Hallo, Roo, my little fellow!"   80.1

"¡Hola, Roo, mi pequeño amigo!"

"We were just going home," said Kanga. "Good afternoon,   81.1

"Ya nos íbamos a casa," dijo Kanga. "Buenas tardes,

81.2 Rabbit. Good afternoon, Piglet."
Conejo. Buenas tardes, Piglet."

82.1 Rabbit and Piglet, who had now come up from the
other side of the hill, said
Conejo y Cerdito, que ahora habían subido desde el otro
lado de la colina, dijeron

82.2 "Good afternoon," and "Hallo, Roo,"
"Buenas tardes" y "Hola, Roo,"

82.3 and Roo asked them to look at him jumping,
y Roo les pidió que lo miraran saltando,

82.4 so they stayed and looked.
así que se quedaron mirando.

83.1 And Kanga looked too ...
Y Kanga parecía demasiado ...

84.1 "Oh, Kanga,"
"Oh, Kanga,"

84.2 said Pooh, after Rabbit had winked at him twice,
dijo Pooh, después de que Conejo le guiñara el ojo dos veces,

84.3 "I don't know if you are interested in Poetry at all?"
"no sé si te interesa la Poesía en absoluto?"

85.1 "Hardly at all," said Kanga.
"En absoluto," dijo Kanga.

86.1 "Oh!" said Pooh.
"¡Oh!" dijo Pooh.

"Roo, dear, just one more jump and then we must go home."

87.1

"Roo, querido, sólo un salto más y luego debemos ir a casa."

There was a short silence while Roo fell down another mouse-hole.

88.1

Hubo un breve silencio mientras Roo caía por otra ratonera.

"Go on," said Rabbit in a loud whisper behind his paw.

89.1

"Vamos," dijo Conejo en un fuerte susurro detrás de su pata.

"Talking of Poetry," said Pooh,

90.1

"Hablando de poesía," dijo Pooh,

"I made up a little piece as I was coming along.

90.2

"me inventé una pequeña pieza mientras venía.

It went like this. Er — now let me see —— "

90.3

Decía así. Er-ahora déjame ver ..."

"Fancy!" said Kanga. "Now Roo, dear —— "

91.1

"¡Impresionante!" dijo Kanga. "Ahora Roo, querido ..."

"You'll like this piece of poetry," said Rabbit.

92.1

"Te gustará esta poesía," dijo Conejo.

"You'll love it," said Piglet.

93.1

"Te encantará," dijo Piglet.

180

94.1 **"You must listen very carefully," said Rabbit.**
"Debes escuchar con mucha atención," dijo Conejo.

95.1 **"So as not to miss any of it," said Piglet.**
"Para no perderme nada," dijo Piglet.

96.1 **"Oh, yes," said Kanga, but she still looked at Baby
Roo.**
"Oh, sí," dijo Kanga, pero siguió mirando a Baby Roo.

97.1 **"How did it go, Pooh?" said Rabbit.**
"¿Cómo te fue, Pooh?" dijo Conejo.

98.1 **Pooh gave a little cough and began.**
Pooh tosió un poco y empezó.

99.1 **LINES WRITTEN BY A BEAR OF VERY LITTLE
BRAIN**
LÍNEAS ESCRITAS POR UN OSO DE MUY POCO CEREBRO

100.1 **On Monday, when the sun is hot**
El lunes, cuando el sol calienta

101.1 **I wonder to myself a lot:**
Me lo pregunto mucho:

102.1 **"Now is it true, or is it not,**
"Ahora es verdad, o no lo es,

103.1 **"That what is which and which is what?"**
"¿Qué es qué y qué es qué?"

On Tuesday, when it hails and snows, 104.1
El martes, cuando granice y nieve,

The feeling on me grows and grows 105.1
La sensación en mí crece y crece

That hardly anybody knows 106.1
Que casi nadie conoce

If those are these or these are those. 107.1
Si aquellos son estos o estos son aquellos.

On Wednesday, when the sky is blue, 108.1
El miércoles, cuando el cielo está azul,

And I have nothing else to do, 109.1
Y no tengo nada más que hacer,

I sometimes wonder if it's true 110.1
A veces me pregunto si es verdad

That who is what and what is who. 111.1
Que quién es qué y qué es quién.

On Thursday, when it starts to freeze 112.1
El jueves, cuando empiece a helar

And hoar-frost twinkles on the trees, 113.1
Y la escarcha centellea en los árboles,

114.1 **How very readily one sees**
Con qué facilidad se ve

115.1 **That these are whose — but whose are these?**
Que estos son de quién, pero ¿de quién son estos?

116.1 **On Friday ——**
El viernes ...

117.1 **"Yes, it is, isn't it?" said Kanga,**
"Sí, lo es, ¿verdad?" dijo Kanga,

117.2 **not waiting to hear what happened on Friday.**
sin esperar a saber qué había pasado el viernes.

117.3 **"Just one more jump, Roo, dear, and then we really
must be going."**
"Sólo un salto más, Roo, querido, y luego realmente
debemos irnos."

119.1 **Rabbit gave Pooh a hurrying-up sort of nudge.**
El conejo le dio a Pooh un empujoncito para que se diera
prisa.

"Talking of Poetry," said Pooh quickly,   120.1
"Hablando de Poesía," dijo rápidamente Pooh,

"have you ever noticed that tree right over there?"   120.2
"¿te has fijado en ese árbol de ahí?"

"Where?" said Kanga. "Now, Roo —— "   121.1
"¿Dónde?" dijo Kanga. "Ahora, Roo ..."

"Right over there," said Pooh, pointing behind   122.1
Kanga's back.
"Justo ahí," dijo Pooh, señalando a espaldas de Kanga.

"No," said Kanga.   123.1
"No," dijo Kanga.

"Now jump in, Roo, dear, and we'll go home."   123.2
"Ahora salta, Roo, querido, y nos iremos a casa."

"You ought to look at that tree right over there," said   124.1
Rabbit.
"Deberías mirar ese árbol de ahí," dijo Conejo.

"Shall I lift you in, Roo?"   124.2
"¿Te subo, Roo?"

And he picked up Roo in his paws.   124.3
Y levantó a Roo entre sus patas.

"I can see a bird in it from here," said Pooh.   125.1
"Puedo ver un pájaro en ella desde aquí," dijo Pooh.

"Or is it a fish?"   125.2
"¿O es un pez?"

126.1 "You ought to see that bird from here," said Rabbit.
"Deberías ver ese pájaro desde aquí," dijo Conejo.

126.2 "Unless it's a fish."
"A menos que sea un pez."

127.1 "It isn't a fish, it's a bird," said Piglet.
"No es un pez, es un pájaro," dijo Piglet.

128.1 "So it is," said Rabbit.
"Así es," dijo Conejo.

129.1 "Is it a starling or a blackbird?" said Pooh.
"¿Es un estornino o un mirlo?" dijo Pooh.

130.1 "That's the whole question," said Rabbit.
"Esa es toda la cuestión," dijo Conejo.

130.2 "Is it a blackbird or a starling?"
"¿Es un mirlo o un estornino?"

131.1 And then at last Kanga did turn her head to look.
Y entonces, por fin, Kanga volvió la cabeza para mirar.

131.2 And the moment that her head was turned, Rabbit said in a loud voice
Y en cuanto volvió la cabeza, Conejo dijo en voz alta

131.3 "In you go, Roo!"
"¡Adentro, Roo!"

and in jumped Piglet into Kanga's pocket, and off 131.4
scampered Rabbit, with Roo in his paws, as fast as he
could.

Y Piglet se metió en el bolsillo de Kanga, y Conejo salió
corriendo con Roo en las patas tan rápido como pudo.

"Why, where's Rabbit?" said Kanga, turning round 132.1
again.

"Vaya, ¿dónde está Conejo?" dijo Kanga, volviéndose de
nuevo.

"Are you all right, Roo, dear?" 132.2

"¿Estás bien, Roo, querido?"

Piglet made a squeaky Roo-noise from the bottom of 133.1
Kanga's pocket.

Piglet hizo un chirriante ruido de Roo desde el fondo del
bolsillo de Kanga.

"Rabbit had to go away," said Pooh. 134.1

"Conejo tuvo que irse," dijo Pooh.

"I think he thought of something he had to go and see 134.2
about suddenly."

"Creo que se le ocurrió algo que tenía que ir a ver de
repente."

"And Piglet?" 135.1

"¿Y Piglet?"

"I think Piglet thought of something at the same 136.1
time.

"Creo que Piglet pensó en algo al mismo tiempo.

136.2 **Suddenly."**
De repente."

138.1 **"Well, we must be getting home," said Kanga. "Good-bye,**
"Bueno, debemos irnos a casa," dijo Kanga. "Adiós,

138.2 **Pooh." And in three large jumps she was gone.**
Pooh." Y de tres grandes saltos se fue.

139.1 **Pooh looked after her as she went.**
Pooh la miraba mientras se iba.

140.1 **"I wish I could jump like that," he thought.**
"Ojalá yo pudiera saltar así," pensó.

140.2 **"Some can and some can't. That's how it is."**
"Algunos pueden y otros no. Así son las cosas."

141.1 **But there were moments when Piglet wished that Kanga couldn't.**
Pero había momentos en que Piglet deseaba que Kanga no pudiera.

Often, when he had had a long walk home through
the Forest, he had wished that he were a bird;

141.2

A menudo, cuando había dado un largo paseo hasta su casa
por el Bosque, había deseado ser un pájaro;

but now he thought jerkily to himself at the bottom
of Kanga's pocket,

141.3

pero ahora pensaba espasmódicamente en el fondo del
bolsillo de Kanga,

this take

142.1

esta toma

"If is shall really to

143.1

"If is shall really to

flying I never it."

144.1

volando yo nunca."

And as he went up in the air he said, "Ooooooo!"

145.1

Y mientras subía en el aire decía, " ¡Ooooooo!"

and as he came down he said, "Ow!" And he was
saying,

145.2

y mientras bajaba decía, "¡Ay!" Y estuvo diciendo,

"Ooooooo-ow, Ooooooo-ow, Ooooooo- ow"

145.3

"Ooooooo-ow, Ooooooo-ow, Ooooooo- ow"

all the way to Kanga's house.

145.4

todo el camino hasta la casa de Kanga.

146.1 Of course as soon as Kanga unbuttoned her pocket, she saw what had happened.

Por supuesto, en cuanto Kanga se desabrochó el bolsillo, vio lo que había pasado.

146.2 Just for a moment, she thought she was frightened, and then she knew she wasn't; for she felt quite sure that Christopher Robin would never let any harm happen to Roo.

Por un momento pensó que estaba asustada, pero luego supo que no lo estaba, porque estaba segura de que Christopher Robin nunca permitiría que le ocurriera nada malo a Roo.

146.3 So she said to herself, "If they are having a joke with me,

Así que se dijo a sí misma, "Si están bromeando conmigo,

146.4 I will have a joke with them."

yo bromearé con ellos."

148.1 "Now then, Roo, dear," she said,

"Ahora bien, Roo, querido," dijo,

148.2 as she took Piglet out of her pocket. "Bed- time."

mientras sacaba a Piglet de su bolsillo. "Hora de dormir."

189

"Aha!" said Piglet,

149.1

"¡Ajá!" dijo Piglet,

as well as he could after his Terrifying Journey.

149.2

tan bien como pudo después de su Aterrador Viaje.

But it wasn't a very good "Aha!"

149.3

Pero no fue un " ¡Ajá!"

and Kanga didn't seem to understand what it meant.

149.4

muy bueno y Kanga no pareció entender lo que significaba.

"Bath first," said Kanga in a cheerful voice.

150.1

"Primero el baño," dijo Kanga con voz alegre.

"Aha!" said Piglet again,

151.1

"¡Ajá!" dijo Piglet de nuevo,

looking round anxiously for the others.

151.2

mirando alrededor ansiosamente en busca de los demás.

But the others weren't there.

151.3

Pero los demás no estaban allí.

Rabbit was playing with Baby Roo in his own house,
and feeling more fond of him every minute, and
Pooh, who had decided to be a Kanga, was still at
the sandy place on the top of the Forest, practising
jumps.

151.4

Conejo estaba jugando con Baby Roo en su propia casa, y
sintiéndose cada minuto más cariñoso con él, y Pooh, que
había decidido ser un Kanga, seguía en el arenal de la cima
del Bosque, practicando saltos.

153.1 "I am not at all sure," said Kanga in a thoughtful voice,

"No estoy del todo seguro," dijo Kanga con voz pensativa,

153.2 "that it wouldn't be a good idea to have a cold bath this evening.

"de que no sería una buena idea tomar un baño frío esta noche.

153.3 Would you like that, Roo, dear?"

¿Te gustaría, Roo, querido?"

154.1 Piglet, who had never been really fond of baths, shuddered a long indignant shudder, and said in as brave a voice as he could:

Piglet, a quien nunca le habían gustado mucho los baños, dio un largo escalofrío indignado y dijo con la voz más valiente que pudo:

155.1 "Kanga,

"Kanga,

155.2 I see that the time has come to spleak painly."

veo que ha llegado el momento de salpicar dolorosamente."

156.1 "Funny little Roo,"

"Qué gracioso, Roo,"

said Kanga, as she got the bath-water ready.   156.2

dijo Kanga mientras preparaba el agua para el baño.

"I am not Roo," said Piglet loudly. "I am Piglet!"   157.1

"Yo no soy Roo," dijo Piglet en voz alta. "¡Yo soy Piglet!"

"Yes, dear, yes," said Kanga soothingly.   158.1

"Sí, cariño, sí," dijo Kanga tranquilizadoramente.

"And imitating Piglet's voice too! So clever of him," 158.2

"¡Y además imitando la voz de Piglet! Qué listo es,"

she went on,   158.3

continuó,

as she took a large bar of yellow soap out of the   158.4
cupboard.

mientras sacaba una pastilla grande de jabón amarillo del
armario.

"What will he be doing next?"   158.5

"¿Qué hará ahora?"

"Can't you see?" shouted Piglet. "Haven't you got   159.1
eyes?

"¿No ves?" gritó Piglet. "¿No tienes ojos?

Look at me!"   159.2

Mírame!"

"I am looking, Roo, dear,"   160.1

"Estoy mirando, Roo, querido,"

said Kanga rather severely.   160.2

dijo Kanga con bastante severidad.

160.3 "And you know what I told you yesterday about
making faces.

"Y ya sabes lo que te dije ayer sobre poner caras.

160.4 If you go on making faces like Piglet's, you will grow
up to look like Piglet — and then think how sorry you
will be.

Si sigues poniendo caras como las de Piglet, acabarás
pareciéndote a Piglet, y entonces piensa en lo mucho que te
arrepentirás.

160.5 Now then, into the bath, and don't let me have to
speak to you about it again."

Ahora, pues, al baño, y que no tenga que volver a hablarte
de ello."

161.1 Before he knew where he was, Piglet was in the bath,
and Kanga was scrubbing him firmly with a large
lathery flannel.

Antes de que se diera cuenta, Piglet estaba en la bañera
y Kanga lo frotaba firmemente con una gran franela
espumosa.

163.1 "Ow!" cried Piglet. "Let me out! I'm Piglet!"

"¡Ay!" gritó Piglet. "¡Déjame salir! Soy Piglet!"

"Don't open the mouth, dear, or the soap goes in," 164.1
said Kanga.

"No abras la boca, querida, o te entrará el jabón," dijo
Kanga.

"There! What did I tell you?" 164.2

"¡Ya está! ¿Qué te dije?"

"You — you — you did it on purpose," 165.1

"Lo hiciste a propósito,"

spluttered Piglet, as soon as he could speak again 165.2
...and then accidentally had another mouthful of
lathery flannel.

balbuceó Piglet, en cuanto pudo volver a hablar ...y
entonces, accidentalmente, volvió a llenársele la boca
de franela espumosa.

"That's right, dear, don't say anything," 166.1

"Está bien, cariño, no digas nada,"

said Kanga, and in another minute Piglet was out of 166.2
the bath, and being rubbed dry with a towel.

dijo Kanga, y al cabo de un minuto Piglet había salido de la
bañera y se estaba secando con una toalla.

"Now," said Kanga, "there's your medicine, 167.1

"Ahora," dijo Kanga, "ahí tienes tu medicina,

and then bed." 167.2

y luego a la cama."

"W-w-what medicine?" said Piglet. 168.1

"¿Qué medicina?" dijo Piglet.

169.1 **"To make you grow big and strong, dear.**
"Para que crezcas grande y fuerte, cariño.

169.2 **You don't want to grow up small and weak like Piglet, do you?**
No querrás crecer pequeño y débil como Piglet, ¿verdad?

169.3 **Well, then!"**
¡Pues entonces!"

170.1 **At that moment there was a knock at the door.**
En ese momento llamaron a la puerta.

171.1 **"Come in," said Kanga, and in came Christopher Robin.**
"Pasa," dijo Kanga, y entró Christopher Robin.

173.1 **"Christopher Robin, Christopher Robin!" cried Piglet.**
"¡Christopher Robin, Christopher Robin!" gritó Piglet.

173.2 **"Tell Kanga who I am! She keeps saying I'm Roo.**
"¡Dile a Kanga quién soy! Ella sigue diciendo que soy Roo.

I'm not Roo, am I?"
173.3

No soy Roo, ¿verdad?"

Christopher Robin looked at him very carefully, and shook his head.
174.1

Christopher Robin le miró atentamente y negó con la cabeza.

"You can't be Roo," he said,
175.1

"Tú no puedes ser Roo," dijo,

"because I've just seen Roo playing in Rabbit's house."
175.2

"porque acabo de ver a Roo jugando en casa de Conejo."

"Well!" said Kanga. "Fancy that!
176.1

"¡Vaya!" dijo Kanga. "¡Imagínate!

Fancy my making a mistake like that."
176.2

Imagínate que me equivoque así."

"There you are!" said Piglet. "I told you so. I'm Piglet."
177.1

"¡Ahí estás!" dijo Piglet. "Te lo dije. Soy Piglet."

Christopher Robin shook his head again.
178.1

Christopher Robin volvió a sacudir la cabeza.

"Oh, you're not Piglet," he said. "I know Piglet well,
179.1

"Oh, tú no eres Piglet," dijo. "Conozco bien a Piglet,

and he's quite a different colour."
179.2

y es de otro color."

180.1 Piglet began to say that this was because he had just had a bath, and then he thought that perhaps he wouldn't say that, and as he opened his mouth to say something else, Kanga slipped the medicine spoon in, and then patted him on the back and told him that it was really quite a nice taste when you got used to it.

Piglet empezó a decir que eso se debía a que acababa de bañarse, y luego pensó que tal vez no diría eso, y cuando abría la boca para decir otra cosa, Kanga deslizó la cuchara medicinal, y luego le dio unas palmaditas en la espalda y le dijo que en realidad tenía un sabor bastante agradable cuando te acostumbrabas.

181.1 "I knew it wasn't Piglet," said Kanga.

"Sabía que no era Piglet," dijo Kanga.

181.2 "I wonder who it can be."

"Me pregunto quién puede ser."

182.1 "Perhaps it's some relation of Pooh's," said Christopher Robin.

"Tal vez sea algún pariente de Pooh," dijo Christopher Robin.

182.2 "What about a nephew or an uncle or something?"

"¿Qué tal un sobrino, un tío o algo así?"

183.1 Kanga agreed that this was probably what it was,

Kanga estuvo de acuerdo en que probablemente se trataba de eso,

183.2 and said that they would have to call it by some name.

y dijo que tendrían que llamarlo de alguna manera.

184.1 "I shall call it Pootel," said Christopher Robin.

"Lo llamaré Pootel," dijo Christopher Robin.

"Henry Pootel for short." 184.2

"Henry Pootel para abreviar."

And just when it was decided, 185.1

Y justo cuando estaba decidido,

Henry Pootel wriggled out of Kanga's arms and 185.2
jumped to the ground.

Henry Pootel se zafó de los brazos de Kanga y saltó al suelo.

To his great joy Christopher Robin had left the door 185.3
open.

Para su gran alegría, Christopher Robin había dejado la
puerta abierta.

Never had Henry Pootel Piglet run so fast as he ran 185.4
then,

Nunca el cerdito Henry Pootel había corrido tanto como
entonces,

and he didn't stop running until he had got quite 185.5
close to his house.

y no paró de correr hasta que estuvo bastante cerca de su
casa.

But when he was a hundred yards away he stopped 185.6
running, and rolled the rest of the way home, so as to
get his own nice comfortable colour again ...

Pero cuando estaba a cien metros, dejó de correr y rodó
el resto del camino hasta su casa, para volver a tener su
propio y cómodo color ...

187.1　So Kanga and Roo stayed in the Forest.

Así que Kanga y Roo se quedaron en el Bosque.

187.2　And every Tuesday Roo spent the day with his great friend Rabbit, and every Tuesday Kanga spent the day with her great friend Pooh, teaching him to jump, and every Tuesday Piglet spent the day with his great friend Christopher Robin.

Y todos los martes Roo pasaba el día con su gran amigo Conejo, y todos los martes Kanga pasaba el día con su gran amigo Pooh, enseñándole a saltar, y todos los martes Piglet pasaba el día con su gran amigo Christopher Robin.

187.3　So they were all happy again.

Así que todos volvieron a ser felices.

CHAPTER VIII · IN WHICH CHRISTOPHER ROBIN LEADS AN EXPOTITION TO THE NORTH POLE

CAPÍTULO VIII · EN EL QUE CHRISTOPHER ROBIN DIRIGE UNA EXPOCISION AL POLO NORTE

1.1 One fine day Pooh had stumped up to the top of the Forest to see if his friend Christopher Robin was interested in Bears at all.

Un buen día, Pooh subió a la cima del bosque para ver si su amigo Christopher Robin se interesaba por los osos.

1.2 At breakfast that morning (a simple meal of marmalade spread lightly over a honeycomb or two) he had suddenly thought of a new song.

Aquella mañana, durante el desayuno (una sencilla comida a base de mermelada untada ligeramente sobre uno o dos panales de miel), se le había ocurrido de repente una nueva canción.

1.3 It began like this:

Empezaba así:

"   2.1

"

Sing Ho! for the life of a Bear.   3.1

Canta ¡Ho! por la vida de un Oso.

"   4.1

"

When he had got as far as this, he scratched his head,   5.1
and thought to himself

Cuando llegó hasta aquí, se rascó la cabeza y pensó

"That's a very good start for a song,   5.2

"Es un buen comienzo para una canción,

but what about the second line?" He tried singing   5.3
"Ho,"

pero ¿y la segunda línea?" Intentó cantar "Ho"

two or three times, but it didn't seem to help.   5.4

dos o tres veces, pero no pareció servir de nada.

"Perhaps it would be better," he thought, "if I sang Hi   5.5
for the life of a Bear."

"Quizá sería mejor," pensó, "si cantara "Hi for the life of a
Bear."

So he sang it ...but it wasn't. "Very well, then,"   5.6

Así que lo cantó ...pero no fue así. "Muy bien, entonces,"

he said,   5.7

dijo,

5.8 "I shall sing that first line twice, and perhaps if I sing
it very quickly, I shall find myself singing the third
and fourth lines before I have time to think of them,
and that will be a Good Song.

"cantaré esa primera línea dos veces, y quizás si la canto
muy rápido, me encontraré cantando la tercera y cuarta
línea antes de que tenga tiempo de pensar en ellas, y eso
será una Buena Canción.

5.9 Now then:"

Ahora bien:"

6.1 Sing Ho! for the life of a Bear!

¡Canta Ho! ¡Por la vida de un Oso!

7.1 Sing Ho! for the life of a Bear!

¡Canta Ho! ¡Por la vida de un Oso!

8.1 I don't much mind if it rains or snows,

No me importa mucho si llueve o nieva,

9.1 'Cos I've got a lot of honey on my nice new nose,

Porque tengo mucha miel en mi bonita nariz nueva,

10.1 I don't much care if it snows or thaws,

No me importa mucho si nieva o se deshiela,

11.1 'Cos I've got a lot of honey on my nice clean paws.

Porque tengo un montón de miel en mis bonitas y limpias
patas.

12.1 Sing Ho! for a Bear!

¡Canta Ho! por un Oso!

Sing Ho! for a Pooh!   13.1
¡Canta ¡Ho! por un Pooh!

And I'll have a little something in an hour or two!   14.1
¡Y tendré algo en una o dos horas!

He was so pleased with this song that he sang it all the   15.1
way to the top of the Forest,
Estaba tan contento con esta canción que la cantó hasta la
cima del Bosque,

"and if I go on singing it much longer," he thought,   15.2
"y si sigo cantándola mucho más tiempo," pensó,

"it will be time for the little something,   15.3
"llegará la hora de la cosita,

and then the last line won't be true."   15.4
y entonces la última línea no será verdad."

So he turned it into a hum instead.   15.5
Así que lo convirtió en un tarareo.

Christopher Robin was sitting outside his door,   16.1
Christopher Robin estaba sentado delante de su puerta,

putting on his Big Boots.   16.2
poniéndose las Botas Grandes.

16.3 As soon as he saw the Big Boots, Pooh knew that an Adventure was going to happen, and he brushed the honey off his nose with the back of his paw, and spruced himself up as well as he could, so as to look Ready for Anything.

En cuanto vio las Botas Grandes, Pooh supo que iba a vivir una aventura, se quitó la miel de la nariz con el dorso de la pata y se arregló lo mejor que pudo para estar preparado para todo.

17.1 "Good-morning, Christopher Robin," he called out.

"Buenos días, Christopher Robin," gritó.

18.1 "Hallo, Pooh Bear. I can't get this boot on."

"Hola, Oso Pooh. No puedo ponerme esta bota."

19.1 "That's bad," said Pooh.

"Eso es malo," dijo Pooh.

20.1 "Do you think you could very kindly lean against me,

"¿Crees que podrías apoyarte en mí,

20.2 'cos I keep pulling so hard that I fall over backwards."

porque sigo tirando tan fuerte que me caigo de espaldas."

Pooh sat down, dug his feet into the ground, and pushed hard against Christopher Robin's back, and Christopher Robin pushed hard against his, and pulled and pulled at his boot until he had got it on.

22.1

Pooh se sentó, clavó los pies en el suelo y empujó con fuerza contra la espalda de Christopher Robin, y Christopher Robin empujó con fuerza contra la suya, y tiró y tiró de su bota hasta que se la puso.

"And that's that," said Pooh. "What do we do next?"

23.1

"Y eso es todo," dijo Pooh. "¿Qué hacemos ahora?"

"We are all going on an Expedition," said Christopher Robin,

24.1

"Todos nos vamos de Expedición," dijo Christopher Robin,

as he got up and brushed himself. "Thank you, Pooh."

24.2

mientras se levantaba y se cepillaba. "Gracias, Pooh."

"Going on an Expotition?" said Pooh eagerly.

25.1

"¿Vas a una Expotition?" dijo Pooh con entusiasmo.

"I don't think I've ever been on one of those.

25.2

"Creo que nunca he estado en una de esas.

Where are we going to on this Expotition?"

25.3

¿A dónde vamos en esta Expotition?"

"Expedition, silly old Bear. It's got an 'x' in it."

26.1

"Expedición, viejo oso tonto. Tiene una 'x. "'

"Oh!" said Pooh. "I know." But he didn't really.

27.1

"¡Oh!" dijo Pooh. "Ya lo sé." Pero en realidad no lo sabía.

28.1 "We're going to discover the North Pole."
"Vamos a descubrir el Polo Norte."

29.1 "Oh!" said Pooh again. "What is the North Pole?"
"¡Oh!" volvió a decir Pooh. "¿Qué es el Polo Norte?"

29.2 he asked.
preguntó.

30.1 "It's just a thing you discover,"
"Es una cosa que se descubre,"

30.2 said Christopher Robin carelessly,
dijo Christopher Robin con despreocupación,

30.3 not being quite sure himself.
sin estar muy seguro.

31.1 "Oh! I see," said Pooh.
"¡Oh! Ya veo," dijo Pooh.

31.2 "Are bears any good at discovering it?"
"¿Son buenos los osos para descubrirlo?"

32.1 "Of course they are. And Rabbit and Kanga and all of you.
"Por supuesto que lo son. Y Rabbit y Kanga y todos ustedes.

32.2 It's an Expedition. That's what an Expedition means.
Es una Expedición. Eso es lo que significa una Expedición.

32.3 A long line of everybody.
Una larga fila de todos.

You'd better tell the others to get ready,   32.4
Mejor dile a los demás que se preparen,

while I see if my gun's all right.   32.5
mientras veo si mi arma está bien.

And we must all bring Provisions."   32.6
Y todos debemos traer Provisiones."

"Bring what?"   33.1
"¿Traer qué?"

"Things to eat."   34.1
"Cosas para comer."

"Oh!" said Pooh happily.   35.1
"¡Oh!" dijo Pooh alegremente.

"I thought you said Provisions. I'll go and tell them."   35.2
"Pensé que habías dicho Provisiones. Iré a decírselo."

And he stumped off.   35.3
Y se fue dando tumbos.

The first person he met was Rabbit.   36.1
La primera persona que conoció fue Rabbit.

38.1 **"Hallo, Rabbit," he said, "is that you?"**

"Hola, Conejo," dijo, "¿eres tú?"

39.1 **"Let's pretend it isn't," said Rabbit,**

"Finjamos que no lo es," dijo Conejo,

39.2 **"and see what happens."**

"y veamos qué pasa."

40.1 **"I've got a message for you."**

"Tengo un mensaje para ti."

41.1 **"I'll give it to him."**

"Se lo daré."

42.1 **"We're all going on an Expotition with Christopher Robin!"**

"¡Todos nos vamos de Expoción con Christopher Robin!"

43.1 **"What is it when we're on it?"**

"¿Qué es cuando estamos en ello?"

44.1 **"A sort of boat, I think," said Pooh.**

"Una especie de barco, creo," dijo Pooh.

45.1 **"Oh! that sort."**

"¡Oh! ese tipo."

46.1 **"Yes. And we're going to discover a Pole or something.**

"Sí. Y vamos a descubrir un Polo o algo así.

Or was it a Mole? Anyhow we're going to discover it." 46.2
¿O era un Topo? Como sea, vamos a descubrirlo."

"We are, are we?" said Rabbit. 47.1
"¿Ah, sí?" dijo Conejo.

"Yes. And we've got to bring Pro — things to eat 48.1
with us.
"Sí. Y tenemos que traer Pro — cosas para comer con
nosotros.

In case we want to eat them. 48.2
En caso de que queramos comerlas.

Now I'm going down to Piglet's. Tell Kanga, will 48.3
you?"
Ahora voy a bajar a lo de Piglet. Dile a Kanga, ¿quieres?"

He left Rabbit and hurried down to Piglet's house. 49.1
Dejó a Conejo y bajó a toda prisa a casa de Piglet.

The Piglet was sitting on the ground at the door 49.2
of his house blowing happily at a dandelion, and
wondering whether it would be this year, next year,
sometime or never.
El Cerdito estaba sentado en el suelo, a la puerta de su casa,
soplando alegremente un diente de león, y preguntándose
si sería este año, el próximo, alguna vez o nunca.

He had just discovered that it would be never, 49.3
Acababa de descubrir que sería nunca,

and was trying to remember what "it" 49.4
y estaba intentando recordar qué era "eso,"

210

49.5 was, and hoping it wasn't anything nice, when Pooh
came up.

y esperando que no fuera nada bonito, cuando apareció
Pooh.

51.1 "Oh! Piglet," said Pooh excitedly,

"¡Oh! Piglet," dijo Pooh entusiasmado,

51.2 "we're going on an Expotition, all of us, with things
to eat.

"nos vamos de Expoción, todos nosotros, con cosas para
comer.

51.3 To discover something."

Para descubrir algo."

52.1 "To discover what?" said Piglet anxiously.

"¿Para descubrir qué?" dijo Piglet ansiosamente.

53.1 "Oh! just something."

"¡Oh! Sólo algo."

54.1 "Nothing fierce?"

"¿Nada feroz?"

"Christopher Robin didn't say anything about fierce. 55.1
"Christopher Robin no dijo nada de feroz.

He just said it had an 'x'." 55.2
Sólo dijo que tenía una 'x. "'

"It isn't their necks I mind," said Piglet earnestly. 56.1
"No es el cuello lo que me preocupa," dijo Piglet con
seriedad.

"It's their teeth. 56.2
"Son sus dientes.

But if Christopher Robin is coming I don't mind 56.3
anything."
Pero si viene Christopher Robin no me importa nada."

In a little while they were all ready at the top of the 57.1
Forest,
Al poco rato estaban todos listos en lo alto del Bosque,

and the Expotition started. 57.2
y comenzó la Exposición.

First came Christopher Robin and Rabbit, 57.3
Primero llegaron Christopher Robin y el Conejo,

then Piglet and Pooh; 57.4
luego Piglet y Pooh;

then Kanga, with Roo in her pocket, and Owl; then 57.5
Eeyore;
después Kanga, con Roo en el bolsillo, y el Búho; luego
Eeyore;

57.6 and, at the end, in a long line, all Rabbit's friends-and-relations.

y, al final, en una larga fila, todos los amigos y parientes del Conejo.

59.1 "I didn't ask them," explained Rabbit carelessly.

"No se lo pedí," explicó Conejo despreocupadamente.

59.2 "They just came. They always do.

"Simplemente vinieron. Siempre lo hacen.

59.3 They can march at the end, after Eeyore."

Pueden desfilar al final, después de Eeyore."

60.1 "What I say," said Eeyore, "is that it's unsettling.

"Lo que yo digo," dijo Eeyore, "es que es inquietante.

60.2 I didn't want to come on this Expo — what Pooh said.

Yo no quería venir a esta Expo — dijo Pooh.

60.3 I only came to oblige. But here I am;

Sólo vine por obligación. Pero aquí estoy;

60.4 and if I am the end of the Expo — what we're talking about — then let me be the end.

y si yo soy el fin de la Expo - de lo que estamos hablando-, entonces que yo sea el fin.

But if, every time I want to sit down for a little rest, I
have to brush away half a dozen of Rabbit's smaller
friends-and-relations first, then this isn't an Expo -

60.5

Pero si, cada vez que quiero sentarme a descansar un poco,
tengo que cepillarme primero a media docena de los amigos
y parientes más pequeños de Conejo, entonces esto no es
una Expo -

whatever it is - at all, it's simply a Confused Noise.

60.6

sea lo que sea - en absoluto, es simplemente un Ruido
Confuso.

That's what I say."

60.7

Eso es lo que yo digo."

"I see what Eeyore means," said Owl.

62.1

"Ya veo lo que quiere decir Eeyore," dijo el Búho.

"If you ask me —— "

62.2

"Si me preguntas ..."

"I'm not asking anybody," said Eeyore.

63.1

"No se lo estoy pidiendo a nadie," dijo Eeyore.

"I'm just telling everybody.

63.2

"Sólo se lo estoy diciendo a todo el mundo.

63.3 We can look for the North Pole, or we can play
Podemos buscar el Polo Norte, o podemos jugar a

63.4 'Here we go gathering Nuts and May'
'Aquí vamos recogiendo nueces y mayo'

63.5 with the end part of an ant's nest.
con la parte final de un nido de hormigas.

63.6 It's all the same to me."
Para mí es lo mismo."

64.1 There was a shout from the top of the line.
Se oyó un grito desde lo alto de la línea.

65.1 "Come on!" called Christopher Robin.
"¡Vamos!" llamó Christopher Robin.

66.1 "Come on!" called Pooh and Piglet.
"¡Vamos!" llamaron Pooh y Piglet.

67.1 "Come on!" called Owl.
"¡Vamos!" llamó el Búho.

68.1 "We're starting," said Rabbit. "I must go."
"Estamos empezando," dijo Rabbit. "Tengo que irme."

68.2 And he hurried off to the front of the Expotition with
Christopher Robin.
Y se apresuró a ir a la parte delantera de la Exposición con
Christopher Robin.

69.1 "All right," said Eeyore. "We're going.
"De acuerdo," dijo Eeyore. "Nos vamos.

Only Don't Blame Me." 69.2

Sólo no me culpes."

So off they all went to discover the Pole. 70.1

Así que todos se fueron a descubrir el Polo.

And as they walked, they chattered to each other of 70.2
this and that, all except Pooh, who was making up a
song.

Y mientras caminaban, charlaban unos con otros de esto
y de aquello, todos menos Pooh, que se estaba inventando
una canción.

"This is the first verse," he said to Piglet, 71.1

"Este es el primer verso," le dijo a Piglet,

when he was ready with it. 71.2

cuando lo tuvo listo.

"First verse of what?" 72.1

"¿Primer verso de qué?"

"My song." 73.1

"Mi canción."

"What song?" 74.1

"¿Qué canción?"

"This one." 75.1

"Este."

"Which one?" 76.1

"¿Cuál?"

77.1 "Well, if you listen, Piglet, you'll hear it."
"Bueno, si escuchas, Piglet, lo oirás."

78.1 "How do you know I'm not listening?"
"¿Cómo sabes que no estoy escuchando?"

79.1 Pooh couldn't answer that one, so he began to sing.
Pooh no pudo contestar, así que se puso a cantar.

80.1 They all went off to discover the Pole,
Todos se fueron a descubrir el Polo,

81.1 Owl and Piglet and Rabbit and all;
Búho y lechón y conejo y todo;

82.1 It's a Thing you Discover, as I've been tole
Es una cosa que descubrir, como me han tole

83.1 By Owl and Piglet and Rabbit and all.
Por Búho y Lechón y Conejo y todo.

84.1 Eeyore, Christopher Robin and Pooh
Eeyore, Christopher Robin y Pooh

85.1 And Rabbit's relations all went too —
Y todos los parientes de Rabbit fueron también —

86.1 And where the Pole was none of them knew ...
Y donde estaba el Polo ninguno de ellos sabía ...

Sing Hey! for Owl and Rabbit and all! 87.1
¡Canta ¡Hey! para Búho y Conejo y todos!

"Hush!" said Christopher Robin turning round to Pooh, 88.1
"¡Silencio!" dijo Christopher Robin volviéndose hacia Pooh,

"we're just coming to a Dangerous Place." 88.2
"estamos llegando a un Lugar Peligroso."

"Hush!" said Pooh turning round quickly to Piglet. 90.1
"¡Silencio!" dijo Pooh volviéndose rápidamente hacia Piglet.

"Hush!" said Piglet to Kanga. 91.1
"¡Calla!" le dijo Piglet a Kanga.

"Hush!" said Kanga to Owl, while Roo said "Hush!" 92.1
"¡Calla!" le dijo Kanga a Búho, mientras Roo se decía "¡Calla!"

several times to himself very quietly. 92.2
varias veces a sí mismo en voz muy baja.

93.1   "Hush!" said Owl to Eeyore.

     "¡Calla!" le dijo Búho a Eeyore.

94.1   "Hush!"

     "¡Silencio!"

94.2   said Eeyore in a terrible voice to all Rabbit's
     friends-and-relations, and

     dijo Eeyore con voz terrible a todos los amigos y parientes
     de Conejo, y

94.3   "Hush!"

     "¡Silencio!"

94.4   they said hastily to each other all down the line,

     se dijeron apresuradamente unos a otros a lo largo de toda
     la fila,

94.5   until it got to the last one of all.

     hasta llegar al último de todos.

94.6   And the last and smallest friend-and-relation was so
     upset to find that the whole Expotition was saying

     Y el último y más pequeño de los amigos y parientes se
     sintió tan molesto al ver que toda la Exposición le decía

94.7   "Hush!"

     "¡Silencio!"

to him, that he buried himself head downwards in   94.8
a crack in the ground, and stayed there for two days
until the danger was over, and then went home in
a great hurry, and lived quietly with his Aunt ever-
afterwards.

que se enterró cabeza abajo en una grieta del suelo y
permaneció allí dos días, hasta que pasó el peligro, y luego
volvió a casa a toda prisa y vivió tranquilamente con su tía
para siempre.

His name was Alexander Beetle.   94.9

Se llamaba Alejandro Escarabajo.

They had come to a stream which twisted and   96.1
tumbled between high rocky banks,

Habían llegado a un arroyo que se retorcía y caía entre altas
orillas rocosas,

and Christopher Robin saw at once how dangerous it   96.2
was.

y Christopher Robin vio enseguida lo peligroso que era.

"It's just the place," he explained, "for an Ambush."   97.1

"Es justo el lugar," explicó, "para una emboscada."

98.1 **"What sort of bush?" whispered Pooh to Piglet.**
"¿Qué clase de arbusto?" le susurró Pooh a Piglet.

98.2 **"A gorse- bush?"**
"¿Un arbusto de tojo?"

99.1 **"My dear Pooh," said Owl in his superior way,**
"Mi querido Pooh," dijo Búho con su aire de superioridad,

99.2 **"don't you know what an Ambush is?"**
"¿no sabes lo que es una emboscada?"

100.1 **"Owl," said Piglet, looking round at him severely,**
"Búho," dijo Piglet, mirándolo severamente,

100.2 **"Pooh's whisper was a perfectly private whisper,**
"el susurro de Pooh era un susurro perfectamente privado,

100.3 **and there was no need —— "**
y no había necesidad ..."

101.1 **"An Ambush," said Owl,**
"Una Emboscada," dijo el Búho,

101.2 **"is a sort of Surprise."**
"es una especie de Sorpresa."

102.1 **"So is a gorse-bush sometimes," said Pooh.**
"A veces también lo es un tojo," dijo Pooh.

103.1 **"An Ambush, as I was about to explain to Pooh,"**
"Una Emboscada, como estaba a punto de explicarle a
Pooh,"

said Piglet, "is a sort of Surprise." 103.2
dijo Piglet, "es una especie de Sorpresa."

"If people jump out at you suddenly, that's an 104.1
Ambush,"
"Si la gente se te echa encima de repente, eso es una
emboscada,"

said Owl. 104.2
dijo el Búho.

"It's an Ambush, Pooh, when people jump at you 105.1
suddenly,"
"Es una emboscada, Pooh, cuando la gente se te echa
encima de repente,"

explained Piglet. 105.2
explicó Piglet.

Pooh, who now knew what an Ambush was, said that 106.1
a gorse-bush had sprung at him suddenly one day
when he fell off a tree, and he had taken six days to get
all the prickles out of himself.
Pooh, que ahora sabía lo que era una emboscada, dijo que
un tojo le había saltado encima de repente un día que se
cayó de un árbol, y que había tardado seis días en sacarse
todas las espinas.

"We are not talking about gorse- bushes," 107.1
"No estamos hablando de arbustos de tojo,"

said Owl a little crossly. 107.2
dijo la Lechuza un poco enfadada.

108.1 **"I am," said Pooh.**
"Yo sí," dijo Pooh.

109.1 **They were climbing very cautiously up the stream
now, going from rock to rock, and after they had
gone a little way they came to a place where the banks
widened out at each side, so that on each side of the
water there was a level strip of grass on which they
could sit down and rest.**
Subían ahora con mucha cautela por el arroyo, yendo de
roca en roca, y después de haber avanzado un poco llegaron
a un lugar donde las orillas se ensanchaban a cada lado, de
modo que a cada lado del agua había una franja llana de
hierba en la que podían sentarse y descansar.

109.2 **As soon as he saw this, Christopher Robin called
"Halt!"**
En cuanto lo vio, Christopher Robin gritó, " ¡Alto!"

109.3 **and they all sat down and rested.**
y todos se sentaron a descansar.

110.1 **"I think," said Christopher Robin,**
"Creo," dijo Christopher Robin,

110.2 **"that we ought to eat all our Provisions now,**
"que ahora deberíamos comernos todas nuestras
Provisiones,

110.3 **so that we shan't have so much to carry."**
así no tendremos tanto que cargar."

111.1 **"Eat all our what?" said Pooh.**
"¿Comer todo nuestro qué?" dijo Pooh.

"All that we've brought," said Piglet, 112.1
"Todo lo que hemos traído," dijo Piglet,

getting to work. 112.2
poniéndose manos a la obra.

"That's a good idea," said Pooh, 113.1
"Es una buena idea," dijo Pooh,

and he got to work too. 113.2
y también se puso manos a la obra.

"Have you all got something?" 114.1
"¿Tenéis todos algo?"

asked Christopher Robin with his mouth full. 114.2
preguntó Christopher Robin con la boca llena.

"All except me," said Eeyore. "As Usual." 115.1
"Todos menos yo," dijo Eeyore. "Como siempre."

He looked round at them in his melancholy way. 115.2
Los miró con su melancolía.

"I suppose none of you are sitting on a thistle by any 115.3
chance?"
"¿Supongo que ninguno de ustedes está sentado en un
cardo por casualidad?"

"I believe I am," said Pooh. "Ow!" 116.1
"Creo que sí," dijo Pooh. " ¡Ay!"

He got up, and looked behind him. "Yes, I was. 116.2
Se levantó y miró detrás de él. "Sí, lo estaba.

224

116.3 I thought so."

Ya me parecía."

117.1 "Thank you, Pooh. If you've quite finished with it."

"Gracias, Pooh. Si ya has terminado."

117.2 He moved across to Pooh's place, and began to eat.

Se trasladó al lugar de Pooh, y comenzó a comer.

119.1 "It don't do them any Good, you know, sitting on them,"

"No les hace ningún bien, ya sabes, sentarse sobre ellos,"

119.2 he went on, as he looked up munching.

continuó, mientras miraba masticando.

119.3 "Takes all the Life out of them.

"Les quita toda la vida.

119.4 Remember that another time, all of you.

Recordadlo en otra ocasión.

A little Consideration, a little Thought for Others, makes all the difference." 119.5

Un poco de consideración, un poco de pensar en los demás, hace toda la diferencia."

As soon as he had finished his lunch Christopher Robin whispered to Rabbit, and Rabbit said 120.1

En cuanto hubo terminado su almuerzo, Christopher Robin le susurró a Conejo, y éste respondió

"Yes, yes, of course," 120.2

"Sí, sí, por supuesto,"

and they walked a little way up the stream together. 120.3

y juntos recorrieron un trecho del arroyo.

"I didn't want the others to hear," said Christopher Robin. 121.1

"No quería que los demás se enteraran," dijo Christopher Robin.

"Quite so," said Rabbit, looking important. 122.1

"Así es," dijo Rabbit, con cara de importancia.

"It's — I wondered — It's only — Rabbit, I suppose you don't know, What does the North Pole look like?" 123.1

"Es — me preguntaba — es sólo — Conejo, supongo que no sabes, ¿Cómo es el Polo Norte?"

"Well," said Rabbit, stroking his whiskers. 124.1

"Bueno," dijo Conejo, acariciándose los bigotes.

"Now you're asking me." 124.2

"Ahora me preguntas a mí."

226

125.1 "I did know once, only I've sort of forgotten,"

"Una vez lo supe, pero ya lo he olvidado,"

125.2 said Christopher Robin carelessly.

dijo Christopher Robin despreocupadamente.

126.1 "It's a funny thing," said Rabbit,

"Es curioso," dijo Rabbit,

126.2 "but I've sort of forgotten too, although I did know once."

"pero yo también lo he olvidado, aunque una vez lo supe."

127.1 "I suppose it's just a pole stuck in the ground?"

"¿Supongo que es sólo un poste clavado en el suelo?"

128.1 "Sure to be a pole," said Rabbit,

"Seguro que es un poste," dijo Conejo,

128.2 "because of calling it a pole, and if it's a pole, well, I should think it would be sticking in the ground, shouldn't you, because there'd be nowhere else to stick it."

"por llamarlo poste, y si es un poste, bueno, yo pensaría que estaría clavado en el suelo, ¿no? porque no habría otro sitio donde clavarlo."

129.1 "Yes, that's what I thought."

"Sí, eso es lo que pensaba."

130.1 "The only thing," said Rabbit, "is, where is it sticking?"

"Lo único," dijo Rabbit, "es, ¿dónde se pega?"

"That's what we're looking for," said Christopher 131.1
Robin.
"Eso es lo que buscamos," dijo Christopher Robin.

They went back to the others. Piglet was lying on his 132.1
back,
Volvieron con los demás. Piglet estaba tumbado boca
arriba,

sleeping peacefully. 132.2
durmiendo plácidamente.

Roo was washing his face and paws in the stream, 132.3
while Kanga explained to everybody proudly that
this was the first time he had ever washed his face
himself, and Owl was telling Kanga an Interesting
Anecdote full of long words like Encyclopædia and
Rhododendron to which Kanga wasn't listening.
Roo se lavaba la cara y las patas en el arroyo, mientras
Kanga explicaba a todos con orgullo que era la primera
vez que se lavaba la cara él solo, y Búho le contaba a Kanga
una Interesante Anécdota llena de palabras largas como
Enciclopedia y Rododendro a la que Kanga no prestaba
atención.

"I don't hold with all this washing," grumbled 133.1
Eeyore.
"No aguanto todo este lavado," refunfuñó Eeyore.

"This modern Behind-the-ears nonsense. What do 133.2
you think,
"Esta tontería moderna de detrás de las orejas. ¿Qué te
parece,

Pooh?" 133.3
Pooh?"

134.1 "Well," said Pooh, "I think —— "

"Bueno," dijo Pooh, "creo que ..."

135.1 But we shall never know what Pooh thought, for
there came a sudden squeak from Roo, a splash, and a
loud cry of alarm from Kanga.

Pero nunca sabremos lo que pensó Pooh, porque de repente
se oyó un chillido de Roo, un chapoteo y un fuerte grito de
alarma de Kanga.

136.1 "So much for washing," said Eeyore.

"Demasiado para lavarse," dijo Eeyore.

137.1 "Roo's fallen in. " cried Rabbit, and he and
Christopher Robin came rushing down to the rescue.

"Roo se ha caído dentro," gritó Conejo, y él y Christopher
Robin bajaron corriendo al rescate. " .

139.1 "Look at me swimming!"

"¡Mirad cómo nado!"

139.2 squeaked Roo from the middle of his pool,

chilló Roo desde el centro de su piscina,

and was hurried down a waterfall into the next pool.   139.3
y fue precipitado por una cascada a la piscina contigua.

"Are you all right, Roo dear?" called Kanga anxiously.   140.1
"¿Estás bien, Roo querido?" llamó Kanga ansiosamente.

"Yes!" said Roo. "Look at me sw —— "   141.1
"¡Sí!" dijo Roo. "Mírame nadar ..."

and down he went over the next waterfall into
another pool.   141.2
y bajó por la siguiente cascada hacia otro estanque.

Everybody was doing something to help.   142.1
Todo el mundo hacía algo para ayudar.

Piglet, wide awake suddenly, was jumping up and
down and making "Oo, I say" noises;   142.2
Lechón, que se había despertado de repente, saltaba y hacía
ruidos de «Oo, digo yo»;

Owl was explaining that in a case of Sudden and
Temporary Immersion the Important Thing was to
keep the Head Above Water;   142.3
Búho explicaba que, en caso de inmersión repentina y
temporal, lo importante era mantener la cabeza fuera del
agua;

Kanga was jumping along the bank, saying   142.4
Kanga saltaba por la orilla y decía

"Are you sure you're all right, Roo dear?"   142.5
«¿Seguro que estás bien, querido Roo?»

142.6 to which Roo, from whatever pool he was in at the
moment, was answering
a lo que Roo, desde cualquier charco en el que estuviera en
ese momento, respondía

142.7 "Look at me swimming!"
«¡Mírame nadar!»

142.8 Eeyore had turned round and hung his tail over the
first pool into which Roo fell, and with his back to
the accident was grumbling quietly to himself, and
saying,
Eeyore se había dado la vuelta y había colgado la cola sobre
el primer charco en el que había caído Roo, y de espaldas al
accidente refunfuñaba para sí en voz baja, diciendo,

142.9 "All this washing;
«Todo este lavado;

142.10 but catch on to my tail, little Roo, and you'll be all
right";
pero agárrate a mi cola, pequeño Roo, y te pondrás bien»;

142.11 and, Christopher Robin and Rabbit came hurrying
past Eeyore, and were calling out to the others in
front of them.
y, Christopher Robin y el Conejo pasaban a toda prisa junto
a Eeyore, y llamaban a los demás delante de ellos.

143.1 "All right, Roo, I'm coming," called Christopher
Robin.
"Muy bien, Roo, ya voy," llamó Christopher Robin.

"Get something across the stream lower down, some of you fellows," 144.1

"Conseguid algo para cruzar el arroyo más abajo, algunos de vosotros,"

called Rabbit. 144.2

gritó Rabbit.

But Pooh was getting something. 145.1

Pero Pooh estaba consiguiendo algo.

Two pools below Roo he was standing with a long pole in his paws, and Kanga came up and took one end of it, and between them they held it across the lower part of the pool; 145.2

Dos estanques más abajo Roo estaba de pie con una larga pértiga en las patas, y Kanga se acercó y cogió un extremo de la misma, y entre los dos la sostuvieron a través de la parte inferior del estanque;

and Roo, still bubbling proudly, "Look at me swimming," 145.3

y Roo, todavía burbujeando orgullosamente, "Mírame nadar,"

drifted up against it, and climbed out. 145.4

se acercó a la deriva contra ella, y salió.

147.1 "Did you see me swimming?" squeaked Roo excitedly,

"¿Me has visto nadar?" chillaba Roo entusiasmado,

147.2 while Kanga scolded him and rubbed him down. "Pooh,

mientras Kanga le regañaba y le sobaba. "Pooh,

147.3 did you see me swimming?

¿me has visto nadar?

147.4 That's called swimming, what I was doing. Rabbit,

Eso que estaba haciendo se llama nadar. Conejo,

147.5 did you see what I was doing? Swimming.

¿has visto lo que estaba haciendo? Nadando.

147.6 Hallo, Piglet! I say, Piglet! What do you think I was doing! Swimming! Christopher Robin, did you see me —— "

¡Hola, Piglet! ¡Dije, Piglet! ¿Qué crees que estaba haciendo? ¡Nadando! Christopher Robin, ¿me viste ...?"

148.1 But Christopher Robin wasn't listening.

Pero Christopher Robin no estaba escuchando.

148.2 He was looking at Pooh.

Estaba mirando a Pooh.

149.1 "Pooh," he said, "where did you find that pole?"

"Pooh," dijo, "¿dónde encontraste ese palo?"

150.1 Pooh looked at the pole in his hands.

Pooh miró el palo en sus manos.

"I just found it," he said.   151.1

"Acabo de encontrarlo," dijo.

"I thought it ought to be useful. I just picked it up."   151.2

"Pensé que sería útil. Acabo de recogerlo."

"Pooh," said Christopher Robin solemnly,   152.1

"Pooh," dijo Christopher Robin solemnemente,

"the Expedition is over. You have found the North   152.2
Pole!"

"la Expedición ha terminado. Habéis encontrado el Polo
Norte!"

"Oh!" said Pooh.   153.1

"¡Oh!" dijo Pooh.

Eeyore was sitting with his tail in the water when   154.1
they all got back to him.

Eeyore estaba sentado con la cola en el agua cuando todos
volvieron a él.

156.1 **"Tell Roo to be quick, somebody," he said.**
"Dile a Roo que sea rápido, alguien," dijo.

156.2 **"My tail's getting cold. I don't want to mention it,**
"Mi cola se está enfriando. No quiero mencionarlo,

156.3 **but I just mention it.**
pero lo menciono.

156.4 **I don't want to complain but there it is. My tail's cold."**
No quiero quejarme pero ahí está. Mi cola está fría."

157.1 **"Here I am!" squeaked Roo.**
"¡Aquí estoy!" chilló Roo.

158.1 **"Oh, there you are."**
"Oh, ahí estás."

159.1 **"Did you see me swimming?"**
"¿Me viste nadando?"

160.1 **Eeyore took his tail out of the water, and swished it from side to side.**
Eeyore sacó la cola del agua y la agitó de un lado a otro.

161.1 **"As I expected," he said. "Lost all feeling. Numbed it.**
"Como esperaba," dijo. "Perdí todo sentimiento. Adormecido.

161.2 **That's what it's done. Numbed it.**
Eso es lo que ha hecho. Entumecerlo.

Well, as long as nobody minds, I suppose it's all right." 161.3

Bueno, mientras a nadie le importe, supongo que está bien."

"Poor old Eeyore. I'll dry it for you," said Christopher Robin, 162.1

"Pobre viejo Eeyore. Yo se lo secaré," dijo Christopher Robin,

and he took out his handkerchief and rubbed it up. 162.2

y sacó su pañuelo y se lo frotó.

"Thank you, Christopher Robin. 163.1

"Gracias, Christopher Robin.

You're the only one who seems to understand about tails. 163.2

Eres el único que parece entender lo de las colas.

They don't think — that's what the matter with some of these others. 163.3

No piensan, eso es lo que les pasa a algunos de estos otros.

They've no imagination. A tail isn't a tail to them, 163.4

No tienen imaginación. Una cola no es una cola para ellos,

it's just a Little Bit Extra at the back." 163.5

es sólo un poquito extra en la parte de atrás."

"Never mind, Eeyore," said Christopher Robin, 164.1

"No importa, Eeyore," dijo Christopher Robin,

rubbing his hardest. "Is that better?" 164.2

frotándose lo más duro. "¿Así está mejor?"

165.1 "It's feeling more like a tail perhaps. It Belongs again,
"Se siente más como una cola tal vez. Pertenece de nuevo,

165.2 if you know what I mean."
si sabes lo que quiero decir."

166.1 "Hullo, Eeyore," said Pooh, coming up to them with
his pole.
"Hola, Eeyore," dijo Pooh, acercándose a ellos con su
pértiga.

167.1 "Hullo, Pooh. Thank you for asking,
"Hola, Pooh. Gracias por preguntar,

167.2 but I shall be able to use it again in a day or two."
pero podré usarlo de nuevo en uno o dos días."

168.1 "Use what?" said Pooh.
"¿Usar qué?" dijo Pooh.

169.1 "What we are talking about."
"De qué estamos hablando."

170.1 "I wasn't talking about anything," said Pooh,
"No estaba hablando de nada," dijo Pooh,

170.2 looking puzzled.
con cara de perplejidad.

171.1 "My mistake again.
"Mi error otra vez.

I thought you were saying how sorry you were about 171.2
my tail, being all numb, and could you do anything to
help."

Pensé que estabas diciendo cuánto lo sentías por mi cola,
por estar toda entumecida, y si podías hacer algo para
ayudar."

"No," said Pooh. "That wasn't me," he said. 172.1

"No," dijo Pooh. "No he sido yo," dijo.

He thought for a little and then suggested helpfully, 172.2

Pensó un poco y luego sugirió útilmente,

"Perhaps it was somebody else." 172.3

"Tal vez fue otra persona."

"Well, thank him for me when you see him." 173.1

"Bueno, dale las gracias de mi parte cuando lo veas."

Pooh looked anxiously at Christopher Robin. 174.1

Pooh miró ansiosamente a Christopher Robin.

"Pooh's found the North Pole," said Christopher 175.1
Robin.

"Pooh ha encontrado el Polo Norte," dijo Christopher
Robin.

"Isn't that lovely?" 175.2

"¿No es encantador?"

Pooh looked modestly down. 176.1

Pooh miró modestamente hacia abajo.

238

177.1 **"Is that it?" said Eeyore.**
"¿Eso es todo?" dijo Eeyore.

178.1 **"Yes," said Christopher Robin.**
"Sí," dijo Christopher Robin.

179.1 **"Is that what we were looking for?"**
"¿Es eso lo que estábamos buscando?"

180.1 **"Yes," said Pooh.**
"Sí," dijo Pooh.

181.1 **"Oh!" said Eeyore. "Well, anyhow — it didn't rain,"**
"¡Oh!" dijo Eeyore. "Bueno, de todos modos, no llovió,"

181.2 **he said.**
dijo.

182.1 **They stuck the pole in the ground, and Christopher
Robin tied a message on to it.**
Clavaron el poste en el suelo y Christopher Robin le ató un
mensaje.

183.1 **NORTH POLE**
POLO NORTE

184.1 **DISCOVERED BY POOH**
DESCUBIERTO POR POOH

185.1 **POOH FOUND IT.**
POOH LO ENCONTRÓ.

Then they all went home again.
Luego se fueron todos a casa otra vez.

187.1

And I think, but I am not quite sure, that Roo had a hot bath and went straight to bed.
Y creo, aunque no estoy muy seguro, que Roo se dio un baño caliente y se fue directamente a la cama.

187.2

But Pooh went back to his own house, and feeling very proud of what he had done, had a little something to revive himself.
Pero Pooh volvió a su casa y, sintiéndose muy orgulloso de lo que había hecho, se tomó algo para reanimarse.

187.3

CHAPTER IX · IN WHICH PIGLET IS ENTIRELY SURROUNDED BY WATER

CAPÍTULO IX · EN LA QUE EL LECHÓN ESTÁ COMPLETAMENTE RODEADO DE AGUA

1.1 **It rained and it rained and it rained.**
Llovía y llovía y llovía.

1.2 **Piglet told himself that never in all his life, and he was goodness knows how old — three, was it, or four?**
Piglet se dijo a sí mismo que nunca en toda su vida, y tenía Dios sabe cuántos años - ¿tres, no?

1.3 **— never had he seen so much rain. Days and days and days.**
o cuatro ...-, había visto llover tanto. Días y días y días.

"If only," he thought, as he looked out of the window, 2.1
"I had been in Pooh's house, or Christopher Robin's
house, or Rabbit's house when it began to rain, then
I should have had Company all this time, instead
of being here all alone, with nothing to do except
wonder when it will stop."

"Si hubiera estado en casa de Pooh, o en casa de
Christopher Robin, o en casa de Conejo, cuando empezó
a llover, habría tenido compañía todo este tiempo, en vez
de estar aquí solo, sin otra cosa que hacer que preguntarme
cuándo parará de llover."

And he imagined himself with Pooh, saying, "Did you 2.2
ever see such rain, Pooh?"

Y se imaginó a sí mismo con Pooh, diciendo, "¿Alguna vez
has visto llover así, Pooh?"

and Pooh saying, "Isn't it awful, Piglet?" 2.3

y Pooh diciendo, "¿No es horrible, Piglet?"

and Piglet saying, 2.4

y Piglet diciendo,

"I wonder how it is over Christopher Robin's way" 2.5

"Me pregunto cómo estará el camino de Christopher Robin"

and Pooh saying, 2.6

y Pooh diciendo,

"I should think poor old Rabbit is about flooded out 2.7
by this time."

"Creo que el pobre y viejo Conejo está a punto de inundarse
a estas horas."

2.8 It would have been jolly to talk like this, and really,
it wasn't much good having anything exciting like
floods, if you couldn't share them with somebody.

Habría sido divertido hablar así, y la verdad es que no
servía de mucho tener algo tan emocionante como las
inundaciones, si no podías compartirlas con alguien.

3.1 For it was rather exciting.

Pues era bastante emocionante.

3.2 The little dry ditches in which Piglet had nosed about
so often had become streams, the little streams
across which he had splashed were rivers, and the
river, between whose steep banks they had played
so happily, had sprawled out of its own bed and was
taking up so much room everywhere, that Piglet was
beginning to wonder whether it would be coming
into his bed soon.

Las pequeñas zanjas secas en las que Piglet había husmeado
tan a menudo se habían convertido en arroyos, los
arroyuelos en los que había chapoteado eran ríos, y el
río, entre cuyas empinadas orillas habían jugado tan
alegremente, se había salido de su propio cauce y ocupaba
tanto espacio por todas partes, que Piglet empezaba a
preguntarse si pronto entraría en su cama.

4.1 "It's a little Anxious," he said to himself,

Es un poco angustioso," se dijo a sí mismo,

4.2 "to be a Very Small Animal Entirely Surrounded by
Water.

"ser un animal muy pequeño completamente rodeado de
agua".

243

Christopher Robin and Pooh could escape by   4.3
Climbing Trees, and Kanga could escape by Jumping,
and Rabbit could escape by Burrowing, and Owl
could escape by Flying, and Eeyore could escape by —
by Making a Loud Noise Until Rescued, and here am I,
surrounded by water and I can't do anything."

Christopher Robin y Pooh podían escapar trepando a
los árboles, y Kanga podía escapar saltando, y Conejo
podía escapar excavando, y Búho podía escapar volando,
y Eeyore podía escapar haciendo mucho ruido hasta que
lo rescataran, y aquí estoy yo, rodeado de agua y no puedo
hacer nada."

It went on raining, and every day the water got a little   5.1
higher, until now it was nearly up to Piglet's window
...and still he hadn't done anything.

Siguió lloviendo, y cada día el agua subía un poco más,
hasta que ahora llegaba casi hasta la ventana de Piglet ...y él
seguía sin hacer nada.

7.1 "There's Pooh," he thought to himself.

"Ahí está Pooh," pensó para sí.

7.2 "Pooh hasn't much Brain, but he never comes to any harm.

"Pooh no tiene mucho cerebro, pero nunca hace daño.

7.3 He does silly things and they turn out right. There's Owl.

Hace tonterías y salen bien. Ahí está Búho.

7.4 Owl hasn't exactly got Brain, but he Knows Things.

Búho no tiene mucho cerebro, pero sabe cosas.

7.5 He would know the Right Thing to Do when Surrounded by Water.

Sabría qué hacer cuando está rodeado de agua.

7.6 There's Rabbit. He hasn't Learnt in Books,

Está el Conejo. No ha aprendido en los libros,

7.7 but he can always Think of a Clever Plan. There's Kanga.

pero siempre puede pensar en un plan inteligente. Está Kanga.

7.8 She isn't Clever, Kanga isn't, but she would be so anxious about Roo that she would do a Good Thing to Do without thinking about It.

No es Inteligente, Kanga no lo es, pero estaría tan ansiosa por Roo que haría algo bueno sin pensarlo.

7.9 And then there's Eeyore.

Y luego está Eeyore.

And Eeyore is so miserable anyhow that he wouldn't
mind about this.   7.10

Y Eeyore es tan miserable de todos modos que no le
importaría esto.

But I wonder what Christopher Robin would do."   7.11

Pero me pregunto qué haría Christopher Robin."

Then suddenly he remembered a story which
Christopher Robin had told him about a man on a
desert island who had written something in a bottle
and thrown it in the sea;   8.1

Entonces, de repente, se acordó de una historia que le había
contado Christopher Robin sobre un hombre en una isla
desierta que había escrito algo en una botella y la había
tirado al mar;

and Piglet thought that if he wrote something in a
bottle and threw it in the water,   8.2

y Piglet pensó que si escribía algo en una botella y la tiraba
al agua,

perhaps somebody would come and rescue him!   8.3

¡quizá alguien vendría a rescatarlo!

He left the window and began to search his house,
all of it that wasn't under water, and at last he found
a pencil and a small piece of dry paper, and a bottle
with a cork to it.   9.1

Salió de la ventana y empezó a registrar su casa, todo lo
que no estaba bajo el agua, y por fin encontró un lápiz y un
trocito de papel seco, y una botella con corcho.

And he wrote on one side of the paper: 9.2

Y escribió en una cara del papel:

HELP.   AYUDA.

PIGLET (ME)   PIGLET (ME)

11.1 and on the other side:
     y en el otro lado:

12.1 IT'S ME PIGLET, HELP HELP.
     SOY YO CERDITO, AYUDA AYUDA.

13.1 Then he put the paper in the bottle, and he corked the
     bottle up as tightly as he could, and he leant out of his
     window as far as he could lean without falling in, and
     he threw the bottle as far as he could throw — splash!
     Luego metió el papel en la botella, la taponó lo más fuerte
     que pudo, se asomó a la ventana todo lo que pudo sin caerse
     y lanzó la botella todo lo lejos que pudo — ¡splash!

13.2 — and in a little while it bobbed up again on the
     water; and he watched it floating slowly away in
     the distance, until his eyes ached with looking,
     and sometimes he thought it was the bottle, and
     sometimes he thought it was just a ripple on the
     water which he was following, and then suddenly he
     knew that he would never see it again and that he had
     done all that he could do to save himself.
     — Y al poco rato la botella volvió a flotar en el agua, y él la
     vio alejarse flotando lentamente en la distancia, hasta que
     le dolieron los ojos de tanto mirarla, y a veces pensaba que
     era la botella, y a veces pensaba que no era más que una
     ondulación en el agua que él seguía, y entonces supo de
     repente que nunca volvería a verla y que había hecho todo
     lo que podía hacer para salvarse.

247

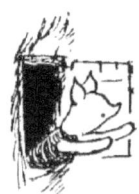

"So now," he thought,   15.1

"Así que ahora," pensó,

"somebody else will have to do something, and I hope   15.2
they will do it soon, because if they don't I shall have
to swim, which I can't, so I hope they do it soon."

"alguien más tendrá que hacer algo, y espero que lo hagan
pronto, porque si no tendré que nadar, cosa que no puedo,
así que espero que lo hagan pronto."

And then he gave a very long sigh and said,   15.3

Y luego dio un larguísimo suspiro y dijo,

"I wish Pooh were here. It's so much more friendly   15.4
with two."

"Ojalá Pooh estuviera aquí. Es mucho más amigable con
dos."

When the rain began Pooh was asleep.   17.1

Cuando empezó a llover Pooh estaba dormido.

17.2 It rained, and it rained, and it rained, and he slept
and he slept and he slept.

Llovía y llovía y llovía, y él dormía y dormía y dormía.

17.3 He had had a tiring day.

Había tenido un día agotador.

17.4 You remember how he discovered the North Pole;
well,

Te acuerdas de cómo descubrió el Polo Norte; pues bien,

17.5 he was so proud of this that he asked Christopher
Robin if there were any other Poles such as a Bear of
Little Brain might discover.

estaba tan orgulloso de ello que le preguntó a Christopher
Robin si había otros Polos como los que podría descubrir un
Oso de Cerebrito.

18.1 "There's a South Pole," said Christopher Robin,

"Hay un Polo Sur," dijo Christopher Robin,

18.2 "and I expect there's an East Pole and a West Pole,

"y supongo que hay un Polo Este y un Polo Oeste,

18.3 though people don't like talking about them."

aunque a la gente no le gusta hablar de ellos."

19.1 Pooh was very excited when he heard this, and
suggested that they should have an Expotition to
discover the East Pole, but Christopher Robin had
thought of something else to do with Kanga; so Pooh
went out to discover the East Pole by himself.

Al oír esto, Pooh se entusiasmó mucho y sugirió que
organizasen una expedición para descubrir el Polo Este,
pero Christopher Robin había pensado en otra cosa que
hacer con Kanga, así que Pooh salió solo a descubrir el Polo
Este.

Whether he discovered it or not, I forget; but he was   19.2
so tired when he got home that, in the very middle
of his supper, after he had been eating for little more
than half-an-hour, he fell fast asleep in his chair, and
slept and slept and slept.

No recuerdo si lo descubrió o no, pero cuando llegó a casa
estaba tan cansado que, a mitad de la cena, después de
haber comido durante poco más de media hora, se quedó
profundamente dormido en su silla, y durmió y durmió y
durmió.

Then suddenly he was dreaming.   20.1

De repente, estaba soñando.

He was at the East Pole, and it was a very cold pole   20.2
with the coldest sort of snow and ice all over it.

Estaba en el Polo Este, y era un polo muy frío, con nieve y
hielo por todas partes.

He had found a bee-hive to sleep in, but there wasn't   20.3
room for his legs, so he had left them outside.

Había encontrado una colmena para dormir, pero no le
cabían las piernas, así que las había dejado fuera.

And Wild Woozles, such as inhabit the East Pole,   20.4
came and nibbled all the fur off his legs to make nests
for their Young.

Y los Woozles salvajes, como los que habitan en el Polo Este,
vinieron y le mordisquearon todo el pelaje de las patas para
hacer nidos para sus crías.

And the more they nibbled, the colder his legs got,   20.5
until suddenly he woke up with an Ow!

Y cuanto más le mordisqueaban, más se le enfriaban las
patas, hasta que de repente se despertó con un ¡Ay!

20.6 — and there he was, sitting in his chair with his feet
in the water, and water all round him!

y allí estaba, sentado en su silla con los pies en el agua, ¡y
agua por todas partes!

21.1 He splashed to his door and looked out ...

Salpicó hasta su puerta y miró fuera ...

22.1 "This is Serious," said Pooh. "I must have an Escape."

"Esto es serio," dijo Pooh. "Debo tener un Escape."

23.1 So he took his largest pot of honey and escaped
with it to a broad branch of his tree, well above the
water, and then he climbed down again and escaped
with another pot ...and when the whole Escape
was finished, there was Pooh sitting on his branch,
dangling his legs, and there, beside him, were ten
pots of honey ...

Así que cogió su mayor tarro de miel y escapó con él a una
rama ancha de su árbol, muy por encima del agua, y luego
volvió a bajar y escapó con otro tarro ...y cuando terminó
toda la escapada, allí estaba Pooh sentado en su rama,
colgando las piernas, y allí, a su lado, había diez tarros de
miel ...

Two days later, there was Pooh, sitting on his branch, 25.1
dangling his legs, and there, beside him, were four
pots of honey ...

Dos días después, allí estaba Pooh, sentado en su rama,
colgando las patas, y allí, a su lado, había cuatro tarros de
miel ...

Three days later, there was Pooh, sitting on his 26.1
branch, dangling his legs, and there beside him,
was one pot of honey.

Tres días después, allí estaba Pooh, sentado en su rama,
colgando las patas, y a su lado, había un tarro de miel.

Four days later, there was Pooh ... 27.1

Cuatro días más tarde, había Pooh ...

And it was on the morning of the fourth day that 29.1
Piglet's bottle came floating past him,

Y fue en la mañana del cuarto día cuando la botella de
Piglet pasó flotando junto a él,

and with one loud cry of "Honey!" 29.2

y con un fuerte grito de " ¡Cariño!"

29.3 Pooh plunged into the water, seized the bottle, and
struggled back to his tree again.

Pooh se zambulló en el agua, cogió la botella y volvió con
dificultad a su árbol.

30.1 "Bother!" said Pooh, as he opened it.

"¡Caramba!" dijo Pooh al abrirlo.

30.2 "All that wet for nothing. What's that bit of paper
doing?"

"Tanto mojarse para nada. ¿Qué hace ese pedazo de papel?"

31.1 He took it out and looked at it.

Lo sacó y lo miró.

32.1 "It's a Missage," he said to himself, "that's what it is.

"Es un Missage," se dijo, "eso es lo que es.

32.2 And that letter is a 'P,' and so is that, and so is
that, and

Y esa letra es una 'P,' y eso es eso, y eso es eso, y

32.3 'P' means 'Pooh,'

'P' significa 'Pooh,'

32.4 so it's a very important Missage to me,

así que es un Missage muy importante para mí,

32.5 and I can't read it.

y no puedo leerlo.

I must find Christopher Robin or Owl or Piglet, one of
those Clever Readers who can read things, and they
will tell me what this missage means.

Tengo que encontrar a Christopher Robin o a Búho o a
Piglet, uno de esos Lectores Inteligentes que saben leer
cosas, y ellos me dirán qué significa este missage.

32.6

Only I can't swim. Bother!"

Pero yo no sé nadar. ¡Caramba!"

32.7

Then he had an idea, and I think that for a Bear of
Very Little Brain, it was a good idea.

Entonces tuvo una idea, y creo que para un oso de muy poco
cerebro, fue una buena idea.

33.1

He said to himself:

Se dijo a sí mismo:

33.2

"If a bottle can float, then a jar can float, and if a jar
floats, I can sit on the top of it, if it's a very big jar."

"Si una botella puede flotar, entonces un tarro puede flotar,
y si un tarro flota, puedo sentarme encima de él, si es un
tarro muy grande."

34.1

36.1 So he took his biggest jar, and corked it up.

Así que cogió su bote más grande y lo tapó con un corcho.

36.2 "All boats have to have a name," he said,

"Todos los barcos tienen que tener un nombre," dijo,

36.3 "so I shall call mine The Floating Bear."

"así que llamaré al mío El Oso Flotante."

36.4 And with these words he dropped his boat into the
water and jumped in after it.

Y con estas palabras dejó caer su barca al agua y saltó tras
ella.

38.1 For a little while Pooh and The Floating Bear were
uncertain as to which of them was meant to be
on the top, but after trying one or two different
positions, they settled down with The Floating
Bear underneath and Pooh triumphantly astride it,
paddling vigorously with his feet.

Durante un rato, Pooh y el Oso Flotador no estuvieron
seguros de cuál de los dos debía estar arriba, pero después
de probar una o dos posiciones diferentes, se establecieron
con el Oso Flotador debajo y Pooh triunfante a horcajadas,
remando vigorosamente con los pies.

Christopher Robin lived at the very top of the Forest.

40.1

Christopher Robin vivía en lo más alto del bosque.

It rained, and it rained, and it rained, but the water
couldn't come up to his house.

40.2

Llovía y llovía y llovía, pero el agua no llegaba hasta su casa.

It was rather jolly to look down into the valleys and
see the water all round him, but it rained so hard
that he stayed indoors most of the time, and thought
about things.

40.3

Era muy divertido mirar hacia los valles y ver el agua a
su alrededor, pero llovía tanto que se quedaba en casa la
mayor parte del tiempo pensando en cosas.

40.4 Every morning he went out with his umbrella and put a stick in the place where the water came up to, and every next morning he went out and couldn't see his stick any more, so he put another stick in the place where the water came up to, and then he walked home again, and each morning he had a shorter way to walk than he had had the morning before.

Todas las mañanas salía con su paraguas y ponía un palo en el lugar hasta donde llegaba el agua, y a la mañana siguiente salía y ya no veía su palo, así que ponía otro palo en el lugar hasta donde llegaba el agua, y luego volvía andando a casa, y cada mañana tenía un camino más corto que el de la mañana anterior.

40.5 On the morning of the fifth day he saw the water all round him,

A la mañana del quinto día vio el agua a su alrededor,

40.6 and knew that for the first time in his life he was on a real island.

y supo que por primera vez en su vida estaba en una isla de verdad.

40.7 Which was very exciting.

Lo cual era muy emocionante.

It was on this morning that Owl came flying over the
water to say   42.1

Fue esta mañana cuando el Búho vino volando sobre el agua
para decir

"How do you do," to his friend Christopher Robin.   42.2

"¿Cómo estás?" a su amigo Christopher Robin.

"I say, Owl," said Christopher Robin, "isn't this fun?   43.1

"Búho," dijo Christopher Robin, "¿no es divertido?

I'm on an island."   43.2

Estoy en una isla."

"The atmospheric conditions have been very   44.1
unfavourable lately,"

"Las condiciones atmosféricas han sido muy desfavorables
últimamente,"

said Owl.   44.2

dijo el Búho.

45.1   "The what?"
     "¿El qué?"

46.1   "It has been raining," explained Owl.
     "Ha estado lloviendo," explicó el Búho.

47.1   "Yes," said Christopher Robin. "It has."
     "Sí," dijo Christopher Robin. "Así es."

48.1   "The flood-level has reached an unprecedented height."
     "El nivel de la inundación ha alcanzado una altura sin precedentes."

49.1   "The who?"
     "¿El quién?"

50.1   "There's a lot of water about," explained Owl.
     "Hay mucha agua por aquí," explicó el Búho.

51.1   "Yes," said Christopher Robin, "there is."
     "Sí," dijo Christopher Robin, "lo hay."

52.1   "However,
     "Sin embargo,

52.2   the prospects are rapidly becoming more favourable.
     las perspectivas se están volviendo rápidamente más favorables.

52.3   At any moment —— "
     En cualquier momento ..."

"Have you seen Pooh?"   53.1
"¿Has visto a Pooh?"

"No. At any moment —— "   54.1
"No. En cualquier momento ..."

"I hope he's all right," said Christopher Robin.   55.1
"Espero que esté bien," dijo Christopher Robin.

"I've been wondering about him.   55.2
"Me he estado preguntando por él.

I expect Piglet's with him. Do you think they're all   55.3
right,
Espero que Piglet esté con él. ¿Crees que estén bien,

Owl?"   55.4
Búho?"

"I expect so. You see, at any moment —— "   56.1
"Eso espero. Verá, en cualquier momento ..."

"Do go and see, Owl.   57.1
"Ve a ver, Búho.

Because Pooh hasn't got very much brain, and he   57.2
might do something silly, and I do love him so, Owl.
Porque Pooh no tiene mucho cerebro, y podría hacer
alguna tontería, y yo lo quiero tanto, Búho.

Do you see, Owl?"   57.3
¿Ves, Búho?"

"That's all right," said Owl. "I'll go. Back directly."   58.1
"Está bien," dijo el Búho. "Yo iré. Vuelvo enseguida."

58.2 **And he flew off.**

Y se fue volando.

59.1 **In a little while he was back again.**

Al poco rato estaba de vuelta.

60.1 **"Pooh isn't there," he said.**

"Pooh no está ahí," dijo.

61.1 **"Not there?"**

"¿No está ahí?"

62.1 **"Has been there.**

"Ha estado allí.

62.2 **He's been sitting on a branch of his tree outside his house with nine pots of honey.**

Ha estado sentado en una rama de su árbol fuera de su casa con nueve tarros de miel.

62.3 **But he isn't there now."**

Pero ahora no está allí."

63.1 **"Oh, Pooh!" cried Christopher Robin. "Where are you?"**

"¡Oh, Pooh!" gritó Christopher Robin. "¿Dónde estás?"

"Here I am," said a growly voice behind him. 65.1

"Aquí estoy," dijo una voz gruñona detrás de él.

"Pooh!" 66.1

"¡Pooh!"

They rushed into each other's arms. 67.1

Se abalanzaron a los brazos del otro.

"How did you get here, Pooh?" 68.1

"¿Cómo has llegado hasta aquí, Pooh?"

asked Christopher Robin, 68.2

preguntó Christopher Robin,

when he was ready to talk again. 68.3

cuando estuvo preparado para volver a hablar.

"On my boat," said Pooh proudly. 69.1

"En mi barco," dijo Pooh con orgullo.

"I had a Very Important Missage sent me in a bottle, 69.2
and owing to having got some water in my eyes, I
couldn't read it, so I brought it to you.

"Me enviaron una misiva muy importante en una botella, y
debido a que me entró agua en los ojos, no pude leerla, así
que te la traje.

On my boat." 69.3

En mi barco."

71.1 **With these proud words he gave Christopher Robin
the missage.**
Con estas orgullosas palabras le dio a Christopher Robin el
misage.

72.1 **"But it's from Piglet!"**
"¡Pero si es de Piglet!"

72.2 **cried Christopher Robin when he had read it.**
gritó Christopher Robin cuando lo hubo leído.

73.1 **"Isn't there anything about Pooh in it?" asked Bear,**
"¿No dice nada de Pooh?" preguntó Oso,

73.2 **looking over his shoulder.**
mirando por encima del hombro.

74.1 **Christopher Robin read the message aloud.**
Christopher Robin leyó el mensaje en voz alta.

75.1 **"Oh, are those 'P's' piglets? I thought they were
poohs."**
"Oh, ¿son lechones esos 'P'? Creía que eran cacas."

"We must rescue him at once! I thought he was with you,   76.1

"¡Debemos rescatarlo de inmediato! Pensé que estaba contigo,

Pooh. Owl, could you rescue him on your back?"   76.2

Pooh. Búho, ¿podrías rescatarlo en tu espalda?"

"I don't think so," said Owl, after grave thought.   77.1

"No lo creo," dijo el Búho, después de pensarlo seriamente.

"It is doubtful if the necessary dorsal muscles —— "   77.2

"Es dudoso que los músculos dorsales necesarios ..."

"Then would you fly to him at once and say that Rescue is Coming?   78.1

"Entonces, ¿podrías volar hacia él de inmediato y decirle que ya viene el Rescate?

And Pooh and I will think of a Rescue and come as quick as ever we can.   78.2

Y Pooh y yo pensaremos en un rescate y vendremos tan rápido como podamos.

Oh, don't talk, Owl, go on quick!"   78.3

Oh, no hables, Búho, ¡ve rápido!"

And, still thinking of something to say, Owl flew off.   78.4

Y, pensando todavía en algo que decir, el Búho se fue volando.

"Now then, Pooh," said Christopher Robin,   79.1

"Ahora bien, Pooh," dijo Christopher Robin,

79.2 "where's your boat?"
"¿dónde está tu barca?"

80.1 "I ought to say,"
"Debo decir,"

80.2 explained Pooh as they walked down to the shore of
the island,
explicó Pooh mientras caminaban hacia la orilla de la isla,

80.3 "that it isn't just an ordinary sort of boat.
"que no es un barco cualquiera.

80.4 Sometimes it's a Boat, and sometimes it's more of an
Accident.
A veces es un Barco, y a veces es más bien un Accidente.

80.5 It all depends."
Todo depende."

81.1 "Depends on what?"
"¿Depende de qué?"

82.1 "On whether I'm on the top of it or underneath it."
"Sobre si estoy encima o debajo."

83.1 "Oh! Well, where is it?"
"¡Oh! Bueno, ¿dónde está?"

84.1 "There!" said Pooh, pointing proudly to The Floating
Bear.
"¡Allí!" dijo Pooh, señalando con orgullo al Oso Flotante.

It wasn't what Christopher Robin expected, and 85.1
the more he looked at it, the more he thought what
a Brave and Clever Bear Pooh was, and the more
Christopher Robin thought this, the more Pooh
looked modestly down his nose and tried to pretend
he wasn't.

No era lo que Christopher Robin esperaba, y cuanto más
lo miraba, más pensaba en lo valiente e inteligente que
era Pooh, y cuanto más pensaba esto Christopher Robin,
más Pooh miraba modestamente por debajo de su nariz e
intentaba fingir que no lo era.

"But it's too small for two of us," 86.1

"Pero es demasiado pequeño para nosotros dos,"

said Christopher Robin sadly. 86.2

dijo Christopher Robin con tristeza.

"Three of us with Piglet." 87.1

"Tres de nosotros con Piglet."

"That makes it smaller still. Oh, Pooh Bear, what 88.1
shall we do?"

"Eso lo hace aún más pequeño. Oh, Oso Pooh, ¿qué
haremos?"

And then this Bear, Pooh Bear, Winnie-the-Pooh, 89.1
F.O.P. (Friend of Piglet's), R.C. (Rabbit's Companion),
P.D. (Pole Discoverer), E.C. and T.F. (Eeyore's
Comforter and Tail- finder) -

Y entonces este Oso, el Oso Pooh, Winnie-the-Pooh, F.O.P.
(Amigo de Piglet), R.C. (Compañero del Conejo), P.D.
(Descubridor de Polos), E.C. y T.F. (Consolador de Eeyore y
Buscador de Colas) -

89.2 **in fact, Pooh himself -**
de hecho, el mismo Pooh -

89.3 **said something so clever that Christopher Robin
could only look at him with mouth open and eyes
staring,**
dijo algo tan ingenioso que Christopher Robin sólo pudo
mirarlo con la boca abierta y los ojos fijos,

89.4 **wondering if this was really the Bear of Very Little
Brain whom he had known and loved so long.**
preguntándose si éste era realmente el Oso de Muy Poco
Cerebro a quien había conocido y amado tanto tiempo.

90.1 **"We might go in your umbrella," said Pooh.**
"Podríamos ir en tu paraguas," dijo Pooh.

91.1 **"? "**
"? "

92.1 **"We might go in your umbrella," said Pooh.**
"Podríamos ir en tu paraguas," dijo Pooh.

93.1 **"? ? "**
"? ? "

94.1 **"We might go in your umbrella," said Pooh.**
"Podríamos ir en tu paraguas," dijo Pooh.

95.1 **"! ! ! ! ! ! "**
"! ! ! ! ! ! "

96.1 **For suddenly Christopher Robin saw that they might.**
De repente, Christopher Robin vio que podían hacerlo.

267

He opened his umbrella and put it point downwards 96.2
in the water.

Abrió su paraguas y lo puso con la punta hacia abajo en el
agua.

It floated but wobbled. Pooh got in. 96.3

Flotaba pero se tambaleaba. Pooh se metió.

He was just beginning to say that it was all right 96.4
now, when he found that it wasn't, so after a short
drink which he didn't really want he waded back to
Christopher Robin.

Empezaba a decir que ya estaba todo bien, cuando se dio
cuenta de que no era así, así que después de un trago que no
le apetecía mucho, volvió junto a Christopher Robin.

Then they both got in together, and it wobbled no 96.5
longer.

Entonces entraron los dos juntos y el barco dejó de
tambalearse.

"I shall call this boat The Brain of Pooh," 98.1

"Llamaré a este barco El Cerebro de Pooh,"

98.2 said Christopher Robin, and The Brain of Pooh set sail
forthwith in a south-westerly direction, revolving
gracefully.

dijo Christopher Robin, y El Cerebro de Pooh zarpó de
inmediato en dirección suroeste, girando graciosamente.

100.1 You can imagine Piglet's joy when at last the ship
came in sight of him.

Podéis imaginaros la alegría de Piglet cuando, por fin, el
barco estuvo a la vista.

In after-years he liked to think that he had been in
Very Great Danger during the Terrible Flood, but the
only danger he had really been in was in the last half-
hour of his imprisonment, when Owl, who had just
flown up, sat on a branch of his tree to comfort him,
and told him a very long story about an aunt who had
once laid a seagull's egg by mistake, and the story
went on and on, rather like this sentence, until Piglet
who was listening out of his window without much
hope, went to sleep quietly and naturally, slipping
slowly out of the window towards the water until he
was only hanging on by his toes, at which moment
luckily, a sudden loud squawk from Owl, which was
really part of the story, being what his aunt said,
woke the Piglet up and just gave him time to jerk
himself back into safety and say,

100.2

Con los años, le gustaba pensar que había corrido un
gran peligro durante la terrible inundación, pero el
único peligro que había corrido realmente fue la última
media hora de su encierro, cuando el Búho, que acababa
de subir volando, se sentó en una rama de su árbol para
consolarlo, y le contó una historia muy larga sobre una tía
que una vez había puesto un huevo de gaviota por error,
y la historia siguió y siguió, más o menos como esta frase,
hasta que Piglet, que estaba escuchando por la ventana sin
muchas esperanzas, se durmió tranquila y naturalmente,
deslizándose lentamente por la ventana hacia el agua
hasta que sólo estuvo agarrado por los dedos de los pies,
momento en el que, por suerte, un repentino y fuerte
graznido de Búho, que en realidad era parte de la historia,
siendo lo que decía su tía, despertó a Piglet y sólo le dio
tiempo para volver a ponerse a salvo de un tirón y decir,

"How interesting, and did she?"

100.3

"Qué interesante, ¿y lo hizo?"

100.4 when — well, you can imagine his joy when at last he
saw the good ship, Brain of Pooh (Captain, C. Robin;

cuando — bueno, podéis imaginar su alegría cuando por fin
vio el buen barco, Cerebro de Pooh (capitán, C. Robin;

100.5 1st Mate,

primer oficial,

100.6 P. Bear) coming over the sea to rescue him.

P. Oso) que se acercaba por el mar para rescatarlo.

100.7 Christopher Robin and Pooh again ...

Christopher Robin y Pooh de nuevo ...

102.1 And that is really the end of the story, and I am very
tired after that last sentence, I think I shall stop
there.

Y este es realmente el final de la historia, y estoy muy
cansado después de esta última frase, creo que voy a parar
aquí.

CHAPTER X · IN WHICH CHRISTOPHER ROBIN GIVES POOH A PARTY, AND WE SAY GOOD-BYE

CAPÍTULO X · EN EL QUE CHRISTOPHER ROBIN DA UNA FIESTA A POOH, Y NOSOTROS NOS DESPEDIMOS

1.1 One day when the sun had come back over the Forest,
Un día en que el sol había vuelto sobre el bosque,

1.2 bringing with it the scent of may,
trayendo consigo el aroma del mayo,

1.3 and all the streams of the Forest were tinkling happily to find themselves their own pretty shape again,
y todos los arroyos del bosque tintineaban alegremente al encontrar de nuevo su propia y bonita forma,

1.4 and the little pools lay dreaming of the life they had seen and the big things they had done,
y los pequeños estanques yacían soñando con la vida que habían visto y las grandes cosas que habían hecho,

and in the warmth and quiet of the Forest the cuckoo   1.5
was trying over his voice carefully and listening to
see if he liked it,

y en el calor y la tranquilidad del bosque el cuco ensayaba
cuidadosamente su voz y escuchaba para ver si le gustaba,

and wood-pigeons were complaining gently to   1.6
themselves in their lazy comfortable way that it was
the other fellow's fault,

y las palomas torcaces se quejaban suavemente para sí
mismas a su perezosa y cómoda manera de que la culpa era
del otro,

but it didn't matter very much;   1.7

pero no importaba mucho;

on such a day as this Christopher Robin whistled in   1.8
a special way he had, and Owl came flying out of the
Hundred Acre Wood to see what was wanted.

En un día como éste, Christopher Robin silbó de una
manera especial que tenía, y el Búho salió volando del
Bosque de los Cien Acres para ver qué quería.

3.1 "Owl," said Christopher Robin,

"Búho," dijo Christopher Robin,

3.2 "I am going to give a party."

"voy a dar una fiesta."

4.1 "You are, are you?" said Owl.

"¿Ah, sí?" dijo el Búho.

5.1 "And it's to be a special sort of party,

"Y va a ser una fiesta especial,

5.2 because it's because of what Pooh did when he did
what he did to save Piglet from the flood."

porque es por lo que hizo Pooh cuando hizo lo que hizo para
salvar a Piglet de la inundación."

6.1 "Oh, that's what it's for, is it?" said Owl.

"Oh, para eso es, ¿no?" dijo el Búho.

7.1 "Yes, so will you tell Pooh as quickly as you can, and
all the others, because it will be to- morrow."

"Sí, así se lo dirás a Pooh tan pronto como puedas, y a todos
los demás, porque será mañana."

8.1 "Oh, it will, will it?" said Owl,

"Oh, lo hará, ¿verdad?" dijo el Búho,

8.2 still being as helpful as possible.

aún siendo lo más servicial posible.

9.1 "So will you go and tell them, Owl?"

"¿Entonces irás y se lo dirás, Búho?"

Owl tried to think of something very wise to say, but couldn't, so he flew off to tell the others.

10.1

Búho intentó pensar en algo muy sabio que decir, pero no pudo, así que se fue volando a contárselo a los demás.

And the first person he told was Pooh.

10.2

Y al primero que se lo contó fue a Pooh.

"Pooh," he said, "Christopher Robin is giving a party."

11.1

"Pooh," dijo, "Christopher Robin va a dar una fiesta."

"Oh!" said Pooh.

12.1

"¡Oh!" dijo Pooh.

And then seeing that Owl expected him to say something else, he said

12.2

Y luego, viendo que el Búho esperaba que dijera otra cosa, dijo,

"Will there be those little cake things with pink sugar icing?"

12.3

"¿Habrá esas cositas de pastel con glaseado de azúcar rosa?"

Owl felt that it was rather beneath him to talk about little cake things with pink sugar icing, so he told Pooh exactly what Christopher Robin had said, and flew off to Eeyore.

13.1

Al Búho le pareció indigno hablar de pastelitos de azúcar rosa, así que le dijo a Pooh exactamente lo mismo que Christopher Robin, y se fue volando hacia Eeyore.

15.1 "A party for Me?" thought Pooh to himself. "How
grand!"
"¿Una fiesta para mí?" pensó Pooh para sí. "¡Qué grande!"

15.2 And he began to wonder if all the other animals
would know that it was a special Pooh Party, and if
Christopher Robin had told them about The Floating
Bear and the Brain of Pooh and all the wonderful
ships he had invented and sailed on, and he began
to think how awful it would be if everybody had
forgotten about it, and nobody quite knew what the
party was for;
Y empezó a preguntarse si todos los demás animales
sabrían que se trataba de una fiesta especial de Pooh, y si
Christopher Robin les habría hablado de El Oso Flotador
y del Cerebro de Pooh y de todos los maravillosos barcos
que había inventado y en los que había navegado, y empezó
a pensar en lo horrible que sería que todo el mundo se
hubiera olvidado de ella, y nadie supiera muy bien para qué
era la fiesta;

15.3 and the more he thought like this, the more the party
got muddled in his mind, like a dream when nothing
goes right.
y cuanto más pensaba así, más se confundía la fiesta en su
mente, como un sueño cuando nada sale bien.

And the dream began to sing itself over in his head
until it became a sort of song.

15.4

Y el sueño empezó a repetirse en su cabeza hasta
convertirse en una especie de canción.

It was an

15.5

Era una

ANXIOUS POOH SONG.

16.1

ANSIOSA CANCIÓN DE POOH.

3 Cheers for Pooh!

17.1

3 ¡Salud a Pooh!

(For Who?)

18.1

(¿Para quién?)

For Pooh -

19.1

Para Pooh -

(Why what did he do?)

20.1

(¿Por qué lo hizo?)

I thought you knew;

21.1

Creía que lo sabías;

He saved his friend from a wetting!

22.1

¡Salvó a su amigo de una meada!

3 Cheers for Bear!

23.1

3 ¡Salud por Oso!

24.1 **(For where?)**
(¿Para dónde?)

25.1 **For Bear -**
Para Bear -

26.1 **He couldn't swim,**
No sabía nadar,

27.1 **But he rescued him!**
¡Pero lo rescató!

28.1 **(He rescued who?)**
(¿A quién rescató?)

29.1 **Oh, listen, do!**
¡Oh, escucha, hazlo!

30.1 **I am talking of Pooh -**
Estoy hablando de Pooh -

31.1 **(Of who?)**
(¿De quién?)

32.1 **Of Pooh!**
¡De Pooh!

33.1 **(I'm sorry I keep forgetting).**
(Lo siento, sigo olvidándolo).

Well, Pooh was a Bear of Enormous Brain 34.1
Bueno, Pooh era un Oso de Cerebro Enorme

(Just say it again!) 35.1
(¡Dilo otra vez!)

Of enormous brain - 36.1
De enorme cerebro -

(Of enormous what?) 37.1
(¿De enorme qué?)

Well, he ate a lot, 38.1
Bueno, comía mucho,

And I don't know if he could swim or not, 39.1
Y no sé si sabía nadar o no,

But he managed to float 40.1
Pero se las arregló para flotar

On a sort of boat 41.1
En una especie de barco

(On a sort of what?) 42.1
(¿En una especie de qué?)

Well, a sort of pot - 43.1
Bueno, una especie de olla -

44.1 **So now let's give him three hearty cheers**
Así que ahora vamos a darle tres vivas de corazón

45.1 **(So now let's give him three hearty whiches?)**
(¿Así que ahora vamos a darle tres suculentos "qué"?)

46.1 **And hope he'll be with us for years and years,**
Y espero que esté con nosotros durante años y años,

47.1 **And grow in health and wisdom and riches!**
¡Y crecer en salud, sabiduría y riqueza!

48.1 **3 Cheers for Pooh!**
3 ¡Salud a Pooh!

49.1 **(For who?)**
(¿Para quién?)

50.1 **For Pooh -**
Para Pooh -

51.1 **3 Cheers for Bear!**
3 ¡Salud por Oso!

52.1 **(For where?)**
(¿Para dónde?)

53.1 **For Bear -**
Para Bear -

3 Cheers for the wonderful Winnie-the-Pooh!   54.1

3 ¡Salud por la maravillosa Winnie-the-Pooh!

(Just tell me, somebody - WHAT DID HE DO?)   55.1

(Sólo dime, alguien - ¿QUÉ HIZO?)

While this was going on inside him, Owl was talking   56.1
to Eeyore.

Mientras esto ocurría en su interior, Búho hablaba con
Eeyore.

"Eeyore," said Owl,   57.1

"Eeyore," dijo el Búho,

"Christopher Robin is giving a party."   57.2

"Christopher Robin va a dar una fiesta."

"Very interesting," said Eeyore.   58.1

"Muy interesante," dijo Eeyore.

"I suppose they will be sending me down the odd bits   58.2
which got trodden on.

"Supongo que me enviarán los trozos que se han pisado".

Kind and Thoughtful. Not at all, don't mention it."   58.3

Amable y pensativo. Para nada, ni lo menciones."

60.1   "There is an Invitation for you."

     "Hay una invitación para ti."

61.1   "What's that like?"

     "¿Cómo es eso?"

62.1   "An Invitation!"

     "¡Una invitación!"

64.1   "Yes, I heard you. Who dropped it?"

     "Sí, te he oído. ¿Quién lo tiró?"

65.1   "This isn't anything to eat, it's asking you to the party.

     "Esto no es para comer, es para invitarte a la fiesta.

To- morrow." 65.2
Mañana."

Eeyore shook his head slowly. 66.1
Eeyore negó lentamente con la cabeza.

"You mean Piglet. The little fellow with the excited 67.1
ears.
"Te refieres a Piglet. El pequeño con las orejas excitadas.

That's Piglet. I'll tell him." 67.2
Ese es Piglet. Se lo diré."

"No, no!" said Owl, getting quite fussy. 69.1
"¡No, no!" dijo el Búho, poniéndose bastante quisquilloso.

"It's you!" 69.2
"¡Eres tú!"

"Are you sure?" 70.1
"¿Estás seguro?"

"Of course I'm sure. Christopher Robin said 71.1
"Por supuesto que estoy seguro. Christopher Robin dijo

71.2 'All of them! Tell all of them. "'
'¡A todos! Díselo a todos. "'

72.1 "All of them, except Eeyore?"
"¿Todos, excepto Eeyore?"

73.1 "All of them," said Owl sulkily.
"Todas," dijo el Búho malhumorado.

74.1 "Ah!" said Eeyore.
"¡Ah!" dijo Eeyore.

74.2 "A mistake, no doubt, but still, I shall come.
"Un error, sin duda, pero aun así, iré.

74.3 Only don't blame me if it rains."
Pero no me culpes si llueve."

75.1 But it didn't rain.
Pero no llovió.

75.2 Christopher Robin had made a long table out of some long pieces of wood,
Christopher Robin había hecho una larga mesa con unos largos trozos de madera,

75.3 and they all sat round it.
y todos se sentaron alrededor.

Christopher Robin sat at one end, and Pooh sat at the
other, and between them on one side were Owl and
Eeyore and Piglet, and between them on the other
side were Rabbit, and Roo and Kanga.

75.4

Christopher Robin se sentó en un extremo, y Pooh en el
otro, y entre ellos, a un lado, estaban Búho y Eeyore y Piglet,
y entre ellos, al otro lado, estaban Conejo, y Roo y Kanga.

And all Rabbit's friends and relations spread
themselves about on the grass, and waited hopefully
in case anybody spoke to them, or dropped anything,
or asked them the time.

75.5

Y todos los amigos y parientes de Conejo se esparcieron
por la hierba, y esperaron esperanzados por si alguien les
hablaba, o se les caía algo, o les preguntaba la hora.

It was the first party to which Roo had ever been, and
he was very excited.

76.1

Era la primera fiesta a la que Roo asistía y estaba muy
emocionado.

As soon as ever they had sat down he began to talk.

76.2

En cuanto se sentaron, empezó a hablar.

"Hallo, Pooh!" he squeaked.

77.1

"¡Hola, Pooh!" chilló.

"Hallo, Roo!" said Pooh.

78.1

"¡Hola, Roo!" dijo Pooh.

Roo jumped up and down in his seat for a little while
and then began again.

79.1

Roo saltó en su asiento durante un rato y luego volvió a
empezar.

80.1 **"Hallo, Piglet!" he squeaked.**
"¡Hola, Piglet!" chilló.

81.1 **Piglet waved a paw at him,**
Piglet le hizo un gesto con la pata,

81.2 **being too busy to say anything.**
estaba demasiado ocupado para decir nada.

82.1 **"Hallo, Eeyore!" said Roo.**
"¡Hola, Eeyore!" dijo Roo.

83.1 **Eeyore nodded gloomily at him.**
Eeyore le hizo un gesto sombrío con la cabeza.

83.2 **"It will rain soon, you see if it doesn't," he said.**
"Pronto lloverá, ya ves si no," dijo.

84.1 **Roo looked to see if it didn't, and it didn't, so he said**
Roo miró para ver si no lo hacía, y no lo hizo, así que dijo

84.2 **"Hallo, Owl!"**
"¡Hola, Búho!"

84.3 **— and Owl said "Hallo, my little fellow," in a kindly
way, and went on telling Christopher Robin about an
accident which had nearly happened to a friend of
his whom Christopher Robin didn't know, and Kanga
said to Roo, "Drink up your milk first, dear, and talk
afterwards."**
y el Búho dijo "Hola, amiguito," de manera amable, y
continuó contándole a Christopher Robin acerca de un
accidente que casi le había ocurrido a un amigo suyo a
quien Christopher Robin no conocía, y Kanga le dijo a Roo,
"Bébete la leche primero, querido, y habla después."

So Roo, who was drinking his milk, tried to say that 84.4
he could do both at once ...and had to be patted on the
back and dried for quite a long time afterwards.

Entonces Roo, que estaba bebiendo su leche, intentó decir
que podía hacer las dos cosas a la vez ...y tuvo que recibir
palmaditas en la espalda y secarse durante un buen rato
después.

When they had all nearly eaten enough, Christopher 86.1
Robin banged on the table with his spoon, and
everybody stopped talking and was very silent,
except Roo who was just finishing a loud attack of
hiccups and trying to look as if it was one of Rabbit's
relations.

Cuando ya casi habían comido todos lo suficiente,
Christopher Robin golpeó la mesa con la cuchara, y todos
dejaron de hablar y se quedaron muy callados, excepto
Roo, que estaba terminando un sonoro ataque de hipo e
intentaba aparentar que era uno de los parientes de Conejo.

88.1 "This party," said Christopher Robin,

"Esta fiesta," dijo Christopher Robin,

88.2 "is a party because of what someone did, and we all know who it was, and it's his party, because of what he did, and I've got a present for him and here it is."

"es una fiesta por lo que alguien hizo, y todos sabemos quién fue, y es su fiesta, por lo que hizo, y tengo un regalo para él y aquí está."

88.3 Then he felt about a little and whispered, "Where is it?"

Luego tanteó un poco y susurró, "¿Dónde está?"

89.1 While he was looking,

Mientras miraba,

89.2 Eeyore coughed in an impressive way and began to speak.

Eeyore tosió de forma impresionante y empezó a hablar.

90.1 "Friends," he said,

"Amigos," dijo,

"including oddments, it is a great pleasure, or
perhaps I had better say it has been a pleasure so
far, to see you at my party.

90.2

"incluidas las rarezas, es un gran placer, o quizás debería
decir que ha sido un placer hasta ahora, veros en mi fiesta.

What I did was nothing. Any of you -

90.3

Lo que hice no fue nada. Cualquiera de ustedes -

except Rabbit and Owl and Kanga - would have done
the same. Oh,

90.4

excepto Conejo, Búho y Kanga - habría hecho lo
mismo. Ah,

and Pooh.

90.5

y Pooh.

My remarks do not, of course, apply to Piglet and Roo,
because they are too small.

90.6

Mis observaciones no se aplican, por supuesto, a Piglet y
Roo, porque son demasiado pequeños.

Any of you would have done the same.

90.7

Cualquiera de vosotros habría hecho lo mismo.

But it just happened to be Me.

90.8

Pero sucedió que era yo.

It was not, I need hardly say, with an idea of getting
what Christopher Robin is looking for now" — and
he put his front leg to his mouth and said in a loud
whisper,

90.9

No fue, no hace falta que lo diga, con la idea de conseguir lo
que Christopher Robin está buscando ahora" — y se llevó la
pata delantera a la boca y dijo en un fuerte susurro,

90.10 "Try under the table" — "that I did what I did — but because I feel that we should all do what we can to help.

"Prueba debajo de la mesa" — "que hice lo que hice — sino porque siento que todos deberíamos hacer lo que podamos para ayudar.

90.11 I feel that we should all ——— "

Siento que todos deberíamos ..."

91.1 "H — hup!" said Roo accidentally.

"¡H — hup!" dijo Roo accidentalmente.

92.1 "Roo, dear!" said Kanga reproachfully.

"¡Roo, querido!" dijo Kanga con reproche.

93.1 "Was it me?" asked Roo, a little surprised.

"¿Fui yo?" preguntó Roo, un poco sorprendido.

94.1 "What's Eeyore talking about?" Piglet whispered to Pooh.

"¿De qué está hablando Eeyore?" susurró Piglet a Pooh.

95.1 "I don't know," said Pooh rather dolefully.

"No lo sé," dijo Pooh con tristeza.

96.1 "I thought this was your party."

"Pensé que esta era tu fiesta."

97.1 "I thought it was once. But I suppose it isn't."

"Pensé que lo era una vez. Pero supongo que no lo es."

"I'd sooner it was yours than Eeyore's," said Piglet.　98.1
"Preferiría que fuera tuyo antes que de Eeyore," dijo Piglet.

"So would I," said Pooh.　99.1
"Yo también lo haría," dijo Pooh.

"H — hup!" said Roo again.　100.1
"¡H — hup!" dijo Roo de nuevo.

"AS — I — WAS — SAYING," said Eeyore loudly and　101.1
sternly, "as I was saying when I was interrupted by
various Loud Sounds, I feel that —— "
"Como estaba diciendo cuando me interrumpieron varios
sonidos fuertes, siento que ..."

"Here it is!" cried Christopher Robin excitedly.　102.1
"¡Aquí está!" gritó Christopher Robin con entusiasmo.

"Pass it down to silly old Pooh. It's for Pooh."　102.2
"Pásaselo al viejo tonto Pooh. Es para Pooh."

"For Pooh?" said Eeyore.　103.1
"¿Para Pooh?" dijo Eeyore.

"Of course it is. The best bear in all the world."　104.1
"Por supuesto que lo es. El mejor oso de todo el mundo."

"I might have known," said Eeyore. "After all,　105.1
"Podría haberlo sabido," dijo Eeyore. "Después de todo,

one can't complain. I have my friends.　105.2
uno no puede quejarse. Tengo mis amigos.

105.3 **Somebody spoke to me only yesterday.**

Alguien me habló ayer mismo.

105.4 **And was it last week or the week before that Rabbit bumped into me and said**

¿Y fue la semana pasada o la anterior cuando Conejo se tropezó conmigo y me dijo

105.5 **'Bother!' The Social Round. Always something going on."**

'¡Caramba!' La ronda social. Siempre pasa algo."

107.1 **Nobody was listening, for they were all saying "Open it, Pooh,"**

Nadie escuchaba, pues todos decían, "Ábrelo, Pooh,"

107.2 **"What is it, Pooh?"**

"¿Qué es, Pooð?"

107.3 **"I know what it is,"**

"Ya sé lo que es,"

107.4 **"No, you don't" and other helpful remarks of this sort.**

"No, no lo sabes" y otros útiles comentarios por el estilo.

And of course Pooh was opening it as quickly as ever   107.5
he could, but without cutting the string, because you
never know when a bit of string might be Useful.
Y, por supuesto, Pooh lo abría lo más deprisa que podía,
pero sin cortar la cuerda, porque nunca se sabe cuándo
puede ser útil un trozo de cuerda.

At last it was undone.   107.6
Por fin estaba abierto.

When Pooh saw what it was, he nearly fell down, he   108.1
was so pleased.
Cuando Pooh vio lo que era, casi se cayó, estaba tan
contento.

It was a Special Pencil Case. There were pencils in it   108.2
marked
Era un estuche especial. Había lápices marcados con la

"B" for Bear, and pencils marked "HB"   108.3
"B" de Oso, lápices marcados con la "HB"

for Helping Bear, and pencils marked "BB" for Brave   108.4
Bear.
de Oso Ayudante y lápices marcados con la "BB" de Oso
Valiente.

108.5 There was a knife for sharpening the pencils, and
india-rubber for rubbing out anything which you had
spelt wrong, and a ruler for ruling lines for the words
to walk on, and inches marked on the ruler in case
you wanted to know how many inches anything was,
and Blue Pencils and Red Pencils and Green Pencils
for saying special things in blue and red and green.
Había un cuchillo para sacar punta a los lápices, goma
china para borrar lo que se hubiera escrito mal, una
regla para trazar las líneas sobre las que caminarían las
palabras, y pulgadas marcadas en la regla por si querías
saber cuántos centímetros medía algo, y lápices azules,
rojos y verdes para decir cosas especiales en azul, rojo y
verde.

108.6 And all these lovely things were in little pockets of
their own in a Special Case which shut with a click
when you clicked it.
Y todas estas cosas tan bonitas estaban en sus propios
bolsillitos, en un Estuche Especial que se cerraba con un
clic cuando lo pulsabas.

108.7 And they were all for Pooh.
Y todos eran para Pooh.

109.1 "Oh!" said Pooh.
"¡Oh!" dijo Pooh.

110.1 "Oh, Pooh!" said everybody else except Eeyore.
"¡Oh, Pooh!" dijeron todos menos Eeyore.

111.1 "Thank-you," growled Pooh.
"Gracias," gruñó Pooh.

But Eeyore was saying to himself, "This writing business.

112.1

Pero Eeyore se decía a sí mismo, "Esto de escribir.

Pencils and what-not. Over-rated, if you ask me.

112.2

Lápices y demás. Sobrevalorado, si me preguntas.

Silly stuff. Nothing in it."

112.3

Tonterías. No hay nada en ello."

Later on, when they had all said "Good-bye" and "Thank- you"

113.1

Más tarde, cuando todos hubieron dicho "adiós" y "gracias"

to Christopher Robin, Pooh and Piglet walked home thoughtfully together in the golden evening, and for a long time they were silent.

113.2

a Christopher Robin, Pooh y Piglet caminaron juntos hacia su casa, pensativos, en el dorado atardecer, y durante largo rato permanecieron en silencio.

"When you wake up in the morning, Pooh,"

115.1

"Cuando te despiertas por la mañana, Pooh,"

115.2 **said Piglet at last,**
dijo por fin Piglet,

115.3 **"what's the first thing you say to yourself?"**
"¿qué es lo primero que te dices?"

116.1 **"What's for breakfast?" said Pooh. "What do you say,**
"¿Qué hay para desayunar?" dijo Pooh. "¿Qué dices,

116.2 **Piglet?"**
Piglet?"

117.1 **"I say, I wonder what's going to happen exciting to-
day?"**
"¿Me pregunto qué va a ser emocionante hoy?"

117.2 **said Piglet.**
dijo Piglet.

118.1 **Pooh nodded thoughtfully.**
Pooh asintió pensativo.

119.1 **"It's the same thing," he said.**
"Es lo mismo," dijo.

121.1 **"And what did happen?" asked Christopher Robin.**
"¿Y qué pasó?" preguntó Christopher Robin.

122.1 **"When?"**
"¿Cuándo?"

"Next morning." 123.1

"A la mañana siguiente."

"I don't know." 124.1

"No lo sé."

"Could you think and tell me and Pooh some time?" 125.1

"¿Podrías pensar y decírnoslo a mí y a Pooh alguna vez?"

"If you wanted it very much." 126.1

"Si lo quisieras mucho."

"Pooh does," said Christopher Robin. 127.1

"Pooh sí," dijo Christopher Robin.

He gave a deep sigh, picked his bear up by the leg 128.1
and walked off to the door, trailing Winnie-the-Pooh
behind him.

Dio un profundo suspiro, cogió a su oso por la pata y
se dirigió a la puerta, arrastrando a Winnie-the-Pooh
tras de sí.

At the door he turned and said "Coming to see me 128.2
have my bath?"

En la puerta se volvió y dijo, "¿Vienes a verme bañarme?"

"I might," I said. 129.1

"Puede que sí," dije.

"Was Pooh's pencil case any better than mine?" 130.1

"¿El estuche de Pooh era mejor que el mío?"

131.1   "It was just the same," I said.

"Fue igual," dije.

132.1   He nodded and went out ...and in a moment I heard
Winnie-the- Pooh -

Asintió con la cabeza y salió ...y en un momento oí a
Winnie-the- Pooh -

132.2   bump, bump, bump - going up the stairs behind him.

bump, bump, bump - subiendo las escaleras detrás de él.

Möwenstein Books

www.mowenstein.com

Renowned Authors

H. G. Wells · Ernest Hemingway
H. P. Lovecraft · Lewis Carroll
Franz Kafka · Friedrich Nietzsche
Albert Einstein · Oscar Wilde
Hans Christian Andersen

Notable Works

Frankenstein · *Alice in Wonderland*
Heart of Darkness · *The Great Gatsby*
Siddhartha · *The Metamorphosis*
Thus Spoke Zarathustra

Translation Services

We offer translation services in various languages, including German, Spanish, Chinese, Korean, Arabic, and more. For custom translations or revisions, please contact us at:

Email: translation@mowenstein.com

Our Collections

Franz Kafka Collection

- The Metamorphosis / Die Verwandlung
- The Trial / Der Prozess
- The Castle / Das Schloss
- and many more...

Pakt mit dem Teufel

- Faust Parts I & II by Johann Wolfgang von Goethe
- Doctor Faustus by Christopher Marlowe

Portraits of Irishmen

- The Picture of Dorian Gray by Oscar Wilde
- A Portrait of the Artist as a Young Man by James Joyce

Children's Classics

- Winnie-the-Pooh / Pu der Bär
- Brothers Grimm Fairy Tales
- Fairy Tales Told for Children
    - Author: Hans Christian Andersen

Visit Us

At Möwenstein Books, we are committed to providing high-quality bilingual editions of classic works. Explore our collections and discover more titles across various genres and languages.

Website: www.mowenstein.com